W0039539

Christian Feldmann

JOHANNES PAUL II.

Christian Feldmann

Johannes Paul II.
Der Jahrhundert-Papst

Mit Bildern aus seinem Leben

FREIBURG · BASEL · WIEN

Überarbeitete Neuausgabe 2011

© Verlag Herder GmbH, Freiburg im Breisgau 2005/2011
Alle Rechte vorbehalten
www.herder.de

Umschlagmotiv:
Johannes Paul II. © KNA-Bild, Bonn
Bildredaktion:
Monika Seifert
Innengestaltung:
Weiß-Freiburg GmbH – Graphik & Buchgestaltung
Herstellung:
fgb · freiburger graphische betriebe
www.fgb.de

Gedruckt auf umweltfreundlichem,
chlorfrei gebleichtem Papier
Printed in Germany
ISBN 978-3-451-32459-8

Inhalt

Papst Wojtyła – der letzte Rebell

Als Papst Johannes Paul II. am 8. April 2005 in der größten Totenfeier der Menschheitsgeschichte zu Grabe getragen wurde und mehrere Millionen Menschen in Rom versammelt waren, brandeten auf dem Petersplatz Hochrufe und Sprechchöre auf: *Santo subito!* Auf Deutsch: «Sprecht ihn sofort heilig!»

Im Fernsehen konnte man beobachten, wie der aufmerksam lauschende Kardinaldekan Joseph Ratzinger – er wusste noch nicht, dass er binnen weniger Tage Woityłas Nachfolger werden sollte – auf die ungewöhnliche Forderung reagierte: Zunächst wirkt er ein wenig verunsichert und verschreckt, dann erfreut, befriedigt, gerührt – und beschließt rasch, sich nichts anmerken zu lassen.

Denn natürlich konnte man der Stimme des Volkes nicht einfach folgen. Es ist gute Tradition, dass die römisch-katholische Kirche ihre Selig- und Heiligsprechungsverfahren überaus penibel und zeitaufwendig durchführt. Bis über alle leuchtenden Gipfel und finsteren Abgründe eines Lebens Klarheit besteht und ein realistisches Bild mit allen Facetten gezeichnet werden kann, vergehen auch bei nüchternen «weltlichen» Historikern Jahrzehnte.

Doch bald sickerte durch, dass man sich auch im innersten Führungszirkel der Kirche keineswegs einig war: Eine «erhebliche Anzahl» von Kardinälen habe per Unterschriftenliste ein Schnellverfahren zur Seligsprechung gefordert, wollte der meist hervorragend unterrichtete *Corriere della Sera* wissen. Die Zeitung konnte immerhin den Sekretär der vatikanischen Kongregation für die Selig- und Heiligsprechungen zitieren, Erzbischof Edward Nowak: Er verwies auf die aus der Mode gekommene Tradition, prominente Christen spontan und ohne langes Hin und Her durch Akklamation heiligzusprechen, und orakelte, der mittlerweile vorgeschriebene Prozess könne schon im Herbst auf einer Bischofssynode in Rom eingeleitet werden.

Andere Stimmen aus dem Vatikan warnten vor unangebrachter Hektik und riefen die «weisen Regeln» der Kirche in Erinnerung, die ein bedächtiges Vorgehen und einen zeitlichen Abstand von mindestens fünf Jahren zwischen dem Ableben eines Kandidaten und der Einleitung eines Verfahrens verlangen. Der Jesuit Peter Gumpel – er hat mehr als fünfzig Jahre für die vatikanische *Congregazione delle Cause dei Santi* gearbeitet, war unter anderem für die «Fälle» der beiden

Seligen Rupert Mayer und Bernhard Lichtenberg zuständig und später mit den delikaten Vorbereitungen für eine mögliche Seligsprechung von Papst Pius XII. befasst – sprach irritiert von einer «Eile, die ich noch nie erlebt habe».

Die Wartezeit von fünf Jahren, so Gumpel, habe den guten Sinn, zu beobachten, ob sich der Ruf der Heiligkeit einer Person über längere Zeit halte. Die Sprechchöre bei der Totenfeier auf dem Petersplatz haben dem erfahrenen Konsultor «in hohem Maße missfallen», weil sie ihm «organisiert» schienen.

Doch dann eröffnete Papst Benedikt, der als Präfekt der Glaubenskongregation über lange Jahre Wojtyłas engster Berater gewesen war, bereits drei Monate nach dessen Tod den Seligsprechungsprozess. Zwischendurch geriet das Verfahren kurzzeitig ins Stocken – an dem erforderlichen Wunder, der plötzlichen Heilung einer an Parkinson leidenden Nonne, waren Zweifel aufgekommen – und der Vatikan bezeichnete es sogar schon als *sospeso,* als «suspendiert» oder ruhend. Im Dezember 2009 bestätigte Benedikt XVI. per Dekret die von einer Theologen- und Kardinalskommission festgestellten «heroischen Tugenden» seines Vorgängers, wie es vorgeschrieben ist, und dann erkannten die vom Vatikan beigezogenen Mediziner nach erneuter gründlicher Untersuchung auch das Heilungswunder endgültig an.

Am 1. Mai 2011, sechs Jahre und 29 Tage nach seinem Tod, wird Johannes Paul der Große auf dem Petersplatz feierlich in die Schar der Seligen aufgenommen. Es ist noch rascher gegangen als bei Mutter Teresa von Kalkutta, für die ebenfalls die Fünfjahresschranke aufgehoben worden war.

Und genauso wie bei Mutter Teresa hält sich die Kritik an dem Schnellverfahren in Grenzen. Schon bevor dieses – mit 26 Jahren – drittlängste Pontifikat der Christentumsgeschichte zu Ende ging, schien klar: Karol Wojtyła gehört zu den bedeutendsten Päpsten, die je gelebt haben. Selbst skeptische Beobachter, die ihn für einen rückwärtsgewandten Fundamentalisten hielten, räumten ein, dass der Pontifex aus Polen die Welt verändert hat wie wenige spirituelle Führer vor ihm.

Karol dem Großen ist der entschlossene Brückenschlag zu den anderen Weltreligionen gelungen und zu den Juden, die er die «älteren Brüder» der Christen nannte. Er hat überzeugend um Vergebung für historische Sünden und Verbrechen der Kirche gebeten, Würde und Rechte des Menschen verteidigt und leidenschaftlich gegen Ausbeutung und Krieg gekämpft.

Mehr noch: Als Jan Paweł II. 1979 seine polnische Heimat besuchte, die Bischöfe an die Seite der Gewerkschaft *Solidarność* drängte und der «Gegengesellschaft» zur glanzlosen Staatsmacht eine kraftvolle Stimme gab, war es um den Kommunismus geschehen.

Doch kaum war die rote Heilslehre besiegt, begann Papst Wojtyła einen zweiten, diesmal sehr einsamen Kampf: gegen den gnadenlosen westlichen Kapitalismus, gegen die Vergötzung von Konsum und Markt, gegen die Reduzierung des Lebens auf Geld und Spaß.

Das westliche Wirtschafts- und Lebensmodell – so befürchtete Johannes Paul – stutzt dem Menschen die Seelenflügel, die ihn aufwärts tragen, lässt ihn zu einem auf die Befriedigung banaler Bedürfnisse dressierten Tier schrumpfen. «Der Mensch lebt nicht vom Brot allein», steht in der Bibel, sondern – so ergänzte der Papst – von geistigen Sehnsüchten, kulturellen Visionen, sozialen Bezügen.

«Der letzte große Konservative ist zugleich der letzte große Rebell gegen die herrschenden Verhältnisse», urteilte Jan Roß, Redakteur im Berliner Hauptstadtbüro der Wochenzeitung *«Die ZEIT»*.

1 Karol

Schauspieler, Arbeiter, Priester
im Untergrund

«Lolek, lass dich nicht unterkriegen!»

Als die Deutschen am 1. September 1939 ihren Blitzkrieg
gegen Polen begannen und an diesem ersten Kampftag
sofort Krakau bombardierten, war der neunzehnjähri-
ge Karol Józef Wojtyła der einzige Ministrant, der sich
in die Schlosskirche auf dem Wawel zur Messe wagte.
Mitten im Bombenhagel feierte dort ein eigensinniger
Vikar mit ein paar ebenso sturen Getreuen die Eucharistie – trotzige Geste gegenüber dem Angriff auf die
polnische Heimat.

Wenige Tage später, während Polens Divisionen den
deutschen Panzerkanonen und Jagdgeschwadern ihren
letzten ohnmächtigen Widerstand leisteten, floh Karol
mit seinem Vater auf der Landstraße Richtung Tarnów
und Rzeszów, inmitten einer Kolonne angsterfüllter

Menschen, umgeben von Bauernkarren, auf denen die Gänse schnatterten. Der Brotvorrat war bald aufgebraucht, es gab auch kein Wasser mehr.

Und dann tauchten die deutschen *Stukas* im Sturzflug herab und schossen auf die lebenden Zielscheiben. Karol riss seinen Vater eine Böschung hinunter. Als die Tiefflieger verschwunden waren, sammelten die Wojtyłas die auf der Landstraße hingestreckten Leichen ein und bestatteten sie notdürftig auf einem Kartoffelacker.

Meilenweit unterscheidet sich Karols Werdegang von den typischen Kirchenkarrieren alter Prägung, die vom behüteten Seminardasein geradlinig auf den Universitätslehrstuhl oder Bischofsthron führen. Er war Ensemblemitglied eines antifaschistischen Theaters, Steinbrucharbeiter, Student an einer Untergrund-Uni. Der Papst aus Polen – vielleicht war das mit ein Grund für seine überraschende Wahl – hat die Auswirkungen der Politik Hitlers und Stalins am eigenen Leib erfahren. Menschliche Armseligkeit, Zwangsherrschaft, Gesinnungsterror, Kriegselend kannte er aus hautnahem Erleben.

*«Für Karol wäre jedes Mädchen
durchs Feuer gegangen»*

In Wadowice, einem verträumten Städtchen 50 Kilometer von Krakau, kam «Lolek» (polnisch für «Karlchen») am 18. Mai 1920 zur Welt. Sein Vater, ein ehemaliger Schneider und späterer Berufsoffizier, konnte sich von seiner kleinen Pension gerade eine bescheidene Zweizimmerwohnung leisten. Die Mutter, eine hübsche, stille Frau, kränkelte und starb, als Lolek neun Jahre alt war. Es muss eine schwere, karge Zeit gewesen sein. Die Kindergesichter auf Karols alten Klassenfotos erinnern an Greise, hart, desillusioniert, enttäuscht.

Karol Józef Wojtyła als Kind mit seinen Eltern.

Klug, schnell von Begriff, hilfsbereit gegenüber geistig schwächeren Kameraden sei er gewesen, das Gegenteil von einem Streber, berichteten seine Freunde aus der Schulzeit. Obwohl er einem «Club der Abstinenzler» beitrat, der Alkohol und Zigaretten abhold war und mit einem «Club der Genießer» in derselben Klasse konkurrierte.

Zurückhaltend und nachdenklich ist er gewesen, theaterbegeistert und Kino-Fan, ein guter Sportler, wenig robust, jedoch eisern im Training. Im Winter spielte er auf einem zugefrorenen Weiher Eishockey oder fuhr Ski auf einem Berg in der Nähe, wo es Wölfe gab. Beim Fußball im Sommer stand er im Tor. Manche damals geschlossene Freundschaften hielten auch noch, als «Lolek» längst das Petrusamt in Rom ausübte.

Auch die mit jüdischen Schulkameraden. In Wadowice gab es eine große jüdische Gemeinde – jeder fünfte Einwohner war jüdischen Glaubens – und ein Klima gegenseitiger Achtung. Die Familie Wojtyła schätzte ihren jüdischen Vermieter, der am Marktplatz ein Fahrradgeschäft besaß. Der kleine Karol interessierte sich sehr für die fremdartigen Riten der jüdischen Bekannten – und freute sich, wenn er Gemeinsamkeiten im Glauben entdeckte.

Erst 1938 machte sich auch in Wadowice eine patriotisch verbrämte Spielart von Antisemitismus breit, fand jedoch nicht viel Anklang. Die deutschen Besatzer sprengten die schöne Synagoge mit Dynamit in die

Luft. Etliche von Karols einstigen Spielkameraden kamen in den KZs um.

Zum Glück überlebte Jerzy Kluger, der wohl sein bester Freund gewesen ist. Sein Vater, ein sozial engagierter Rechtsanwalt, war Vorsitzender der jüdischen Gemeinde. Jerzy, der Jurek genannt wurde, und Lolek waren unzertrennlich. Sie schwammen in der Skawa, liefen Schlittschuh, lasen dieselben Bücher und diskutierten stundenlang über Gott und die Welt. Im Latein-Abitur ließ Lolek seinen nicht ganz so gut vorbereiteten Freund selbstverständlich abschreiben.

Als die Nazis und die Bolschewiken Polen unter sich aufgeteilt hatten, verschleppten sowjetische Soldaten die Familie Kluger in russische Internierungslager. Jurek musste bei 40 Grad unter Null Bäume fällen, monatelang. 1941, als Hitler scheinbar aus heiterem Himmel seinen sowjetischen Partner überfiel, wurden die Klugers freigelassen, aber nur für einen Augenblick. Während die Männer zur Roten Armee eingezogen wurden, sperrte man die Frauen ins Getto. Später kämpfte Jurek wieder auf polnischer Seite in Italien – und erhielt die Nachricht, dass seine Mutter und seine Schwester in Auschwitz, nahe Krakau, umgekommen seien. Seinen Schulfreund Karol traf Jerzy erst 1965 wieder – als Erzbischof von Krakau.

Ein geselliger Mensch ist Karol Wojtyła immer gewesen. Als Gymnasiast saß er an warmen Sommerabenden gern mit den anderen jungen Leuten – Jungen und Mädchen – im Park um ein Feuer, man sang zusammen und trug eigene Gedichte vor. Damals schon machte er mit Leidenschaft in einer Theatergruppe mit, avancierte zum Bühnenbildner, Regieassistenten und Hauptdarsteller, spielte den Haimon in der klassischen *Antigone* von Sophokles, einen Stier in dem skurrilen Märchen *Der Ritter des Mondes* und – mit angeklebtem Schnurrbärtchen – den flatterhaften Gustaw in einer Komödie mit dem Titel *Mädchenschwüre*.

Als die Gruppe Juliusz Słowackis anspruchsvolles Stück *Balladyna* einstudiert hatte, wurde ein Ensemblemitglied, das den verkommenen Kostryn darstellen sollte, zwei Tage vor der Premiere krank. Karol, der Kostryns redlichen Widerpart Kirkor spielte, sprang ein und übernahm die Rolle des Schurken zusätzlich zu seiner eigenen – mit Bravour! Dank seinem exzellenten Gedächtnis kannte er den neuen Text von den Proben her bereits auswendig.

Natürlich soll er damals auch eine Freundin gehabt haben. «Karol Wojtyła war ein Junge, für den jedes Mädchen durchs Feuer gegangen wäre», ließ sein Schulfreund Franciszek Zadora wissen. Der Vatikan dementierte später lediglich die in den USA aufgekommenen Gerüchte, der Papst sei einmal verlobt oder sogar heimlich verheiratet gewesen, mit einer später im KZ umgekommenen Frau.

Sicher belegt ist seine enge Freundschaft zu der zwei Jahre älteren Ginka Beer, einer schönen Jüdin mit funkelnden schwarzen Augen, die ihn für das Theaterensemble entdeckte. Die Beers und die Wojtyłas wohnten im selben Haus. Jahrzehnte später bekam der polnische Papst im Vatikan Besuch von seinen einstigen Klassenkameraden aus Wadowice; Ginka Beer, verheiratete Reisenfeld, war auch dabei. Sie erzählte ihm, dass ihre Eltern umgekommen seien, die Mutter in Auschwitz, der Vater in der Sowjetunion. «Er schaute mich nur an, und seine Augen waren voller Mitgefühl», bemerkte sie. «Er nahm meine beiden Hände und betete fast zwei Minuten lang, meine Hände in den seinen haltend.»

Auch mit der blonden Halina Królikiewicz, der Tochter seines Schulrektors, stand er auf der Bühne, beim Abiturball tanzten sie Mazurka, Walzer und Tango zusammen. In der «Liebesallee», wo die jungen Leute von Wadowice spätabends auf den Bänken saßen und sich küssten und sittenstrenge Gymnasiallehrer Kontrollgänge unternahmen – ohne Erfolg, denn man hatte Späher aufgestellt –, wurde Karol allerdings nie gesichtet. Er war tolerant und keineswegs bigott, aber er hatte seine Grundsätze.

Kesselfabrik und Avantgarde-Theater

1938 begann Karol Wojtyła an der Krakauer Jagiellonen-Universität das Studium der polnischen Sprachwissenschaft.

Der Tod hatte seine Kindheit wie ein dunkler Schatten begleitet: Mit neun Jahren verlor er die Mutter, mit zwölf seinen einundzwanzigjährigen Bruder, der gerade als Arzt zu arbeiten begonnen hatte und sich im Krankenhaus an einem typhusartigen Fieber ansteckte; und in der Familie sprach man noch von dem Schwesterchen Olga, das acht Jahre vor Karol tot zur Welt gekommen war. Als Karol fünfzehn war, richtete ein Schulfreund namens Bogusław aus Spaß eine Pistole auf ihn; der Schuss verfehlte Karols Kopf um Millimeter. Bogusław hatte gedacht, die Waffe sei nicht geladen.

Und jetzt, nach dem Nazi-Überfall auf Polen, war der Tod allgegenwärtig. Und der Hunger: Morgens um vier stellte sich Karol in der Schlange vor der Bäckerei an, um den vom deutschen Generalgouvernement bewilligten halben Brotlaib zu bekommen. Margarine, Zucker, Heizmaterial gab es nur auf dem Schwarzmarkt.

Was er heimbrachte, musste für ihn und den Vater reichen, der mit ihm nach Krakau gezogen war. Die beiden liebten einander auf unsentimentale Weise. Der «Herr Hauptmann», wie ihn alle nannten, von strengem Pflichtbewusstsein, aber freundlich und höflich, brachte Lolek Schwimmen und Beten bei – und polnische Geschichte, aus einem sehr patriotischen Blickwinkel. Im Wohnzimmer spielten sie manchmal Fußball, mit unterdrückter Leidenschaft und einem Ball aus Lumpen, um die Möbel nicht zu beschädigen. Der «Herr Hauptmann» kochte das Essen und hielt die Wohnung sauber.

Sein Sohn, der Untergrund-Student, verdiente seinen Anteil am gemeinsamen Lebensunterhalt als Restaurantbote, beim Arbeitsdienst in einem Steinbruch und – als Kesselwasserreiniger – in einer Fabrik für chemische Produkte. Die Arbeiter und der gesprächs-

Bereits als Schüler war Karol Wojtyła Mitglied einer Theatergruppe.

freudige junge Intellektuelle begegneten einander mit Respekt. Der Job schützte ihn vor einer Deportation nach Deutschland – und brachte ihn fast um: Manchmal musste er bei Minus-Temperaturen von 30 Grad arbeiten. 1941 wurde er auf dem Heimweg von einem Militärlaster der deutschen Besatzer angefahren und lebensgefährlich verletzt. Karol erholte sich, behielt aber ein körperliches Handicap zurück: Seine rechte Schulter war etwas niedriger als die andere.

An den Abenden studierte er seine Bücher, lernte Französisch und schrieb existenzialistische Gedichte mit Anflügen dunkler Mystik, unter dem hintergründigen Pseudonym Andrzej Jawién (auf Deutsch «der Mann, der die Wahrheit enthüllt»). Seine Erfahrungen im Steinbruch goss er in Poesie, nicht immer stilsicher, aber kreativ: Der Stein und der Mensch, beides Werkstoff der Schöpfung. Aus der toten Materie fließt Leben. Muskulöse Arme und schwellende Adern formen sich im Rhythmus der Hammerschläge zum «gotischen Spitzbogen». Karol Wojtyła:

Die ganze Größe der Arbeit steckt im Innenleben.
Die harte, rissige Hand
schwillt anders durch den Hammer
– und anders lassen im Stein sich
die Gedanken erhellen –,
wenn du deine Energie
von den Kräften der Steine trennst
und diese – Venen voll Blut –
zerschneidest an richtiger Stelle.
[…] Fürchte dich nicht.
Die Menschendinge haben geräumige Ufer.

Auch für die Bühne hat er geschrieben, schwermütige religiöse Melodramen mit Titeln wie *Hiob* und *Jeremia,* sowie 1960, als Bischof, *Der Laden des Goldschmieds,* einen «Monolog über das Sakrament der Ehe, der bisweilen zum Dialog wird».

Und Theater spielte er auch wieder, sogar noch mehr als früher und wieder im Untergrund; in Privatwohnungen, ohne Kulissen und Requisiten. Dazu gehörte Verwegenheit, denn der auf dem Wawel residierende deutsche Generalgouverneur Hans Frank hatte den verachteten Polen jede künstlerische und literarische Aktivität untersagt. Wer während der nächtlichen Ausgangssperre auf der Straße angetroffen wurde, riskierte außerdem die Deportation in ein KZ.

Karols Name stand längst auf der Schwarzen Liste der Nazis, weil seine Untergrundorganisation mit der christlich-demokratischen *Unia* zusammenarbeitete – einer Organisation, die verfolgten Juden half. In Krakau hatten die deutschen Machthaber die Gymnasien geschlossen, fast 200 Professoren der Jagiellonen-Universität ins KZ Sachsenhausen verschleppt, die Kirchengüter enteignet und die Juden waggonweise deportiert. Wojtyła soll jüdischen Familien gefälschte Papiere und Verstecke verschafft haben, wie es auch andere polnische Katholiken taten.

Bei einer antisemitischen Demonstration hatte er eine jüdische Kommilitonin vor dem Mob beschützt. Und noch am 18. Januar 1945, als die SS-Bewacher das KZ Auschwitz verließen und die halb verhungerten Elendsgestalten in das Umland ausschwärmten, fand er ein elfjähriges Mädchen, dem Tod nahe, am Straßenrand. Wojtyła holte Tee und etwas zu essen. Dann trug er seinen Schützling kilometerweit zu einer Bahnstation, von wo aus sie andere Juden in Sicherheit brachten. Er hat nie über diesen Vorfall gesprochen. Doch als der fast achtzigjährige Papst im Heiligen Jahr 2000 die Holocaust-Gedenkstätte *Yad Vashem* in Jerusalem besuchte, stürzte die inzwischen sechsundsechzigjährige Edith Tzirer, die er damals vor dem Sterben gerettet hatte, weinend auf ihn zu – und die israelische Presse hatte eine Sensation.

1942 herrschten noch die Nazis über Krakau, und Karol gab nach vier Jahren sein Literaturstudium auf, um zur Theologie überzuwechseln, gegen den erbitterten Widerstand Halinas und seiner übrigen Freunde von der Avantgarde-Bühne. Ein Jahr zuvor war sein Vater gestorben, in seiner Abwesenheit, wofür er sich bittere Vorwürfe machte. «Nun bin ich allein», sagte er unter Tränen zu einem Freund. «Ich bin erst zwanzig und habe schon alle verloren, die ich lieb habe!»

Warum er sich entschloss, Priester zu werden, hat er nie exakt erläutert. Sein geistlicher Begleiter, der großen Einfluss auf ihn ausübte, war damals kein Priester, sondern ein Buchhalter und Schneider mit schlichtem Charisma, Jan Tyranowski. Weil die Nazis in Wojtyłas Krakauer Pfarrei fast alle Priester interniert hatten, war Tyranowski mit der Jugendseelsorge beauftragt. Im Geheimen organisierte er eine Gruppe aus Jugendlichen und jungen Erwachsenen, die sich *Lebendiger Rosenkranz* nannte. Bei ausgedehnten Spaziergängen am Weichselufer unterhielten sich Jan und Karol darüber, wie der Mensch in ein Gespräch mit Gott eintreten könne und wo der Sinn in Tod und Leben zu finden sei.

Die theologischen Vorlesungen fanden wieder im Untergrund statt, in wechselnden Privatwohnungen. Die deutschen Besatzer hatten alle Priesterseminare in Polen schließen lassen; einige in Pfarreien untergebrachte Kandidaten waren entdeckt und erschossen worden. Karol entging im August 1944 nur mit viel

Glück einer Razzia der SS, die nach Partisanen und anderen verdächtigen Personen suchte. Während das Rollkommando an der Wohnungstür rüttelte, lag er bewegungslos auf dem Boden und gab keinen Laut von sich, bis sich die Stiefel der SS-Männer entfernten.

«Ein Gipfel ist jeder Mensch»

Nach der Priesterweihe 1946 schickte ihn sein Kardinal Adam Sapieha zum Weiterstudium nach Rom. Karol wohnte im belgischen Priesterkolleg und besuchte die Vorlesungen am *Angelicum,* der Hochschule der Dominikaner, sowie an der von Jesuiten geführten *Gregoriana.* Hier wie dort diskutierte man über kühne Ideen aus der französischsprachigen Theologie. Auf Ferienreisen lernte Wojtyła das Experiment der Arbeiterpriester in Paris und die Anfänge der *Christlichen Arbeiterjugend* in Belgien kennen. Er vervollkommnete sein Französisch und Deutsch, lernte zusätzlich Italienisch und Englisch.

Als die zwei Studienjahre in Rom vorbei waren, wurde der frischgebackene Doktor der Theologie erst einmal Seelsorger in einem kleinen Dorf und dann Vikar in der großen Krakauer Pfarrei St. Florian. Er hielt gnadenlos lange, aber fesselnde Predigten und widmete sich seiner Jugendgruppe – ein gefährliches Geschäft auf dem Höhepunkt stalinistischer Unterdrückung. Etliche Mitbrüder waren wegen solcher Aktivitäten verhaftet worden.

Auf Drängen eines seiner akademischen Lehrer nahm Wojtyła seine Studien wieder auf; 1953 hielt er in Krakau seine ersten Vorlesungen über soziale Ethik. 1956 bekam er den Lehrstuhl für Ethik an der Universität Lublin – der einzigen katholischen Universität des Ostblocks. Außerordentlich beliebt bei seinen Hörern – sie nannten den jugendlich wirkenden, stets zu spät kommenden Professor mit seinen verstrubbelten Haaren den «ewigen Teenager» –, behielt er seine Seelsorgsarbeit unter den Krakauer Studenten bei und wurde zum Pendler zwischen Krakau und Lublin: immerhin 340 Kilometer, die er regelmäßig mit dem Nachtzug zurücklegte.

In Lublin war der größte Hörsaal überfüllt, wenn der als sehr weltoffen geltende Professor Wojtyła – der lieber mit den Laien als mit den Mitbrüdern aus dem Klerus Umgang hatte – seine Vorlesungen hielt. Lange Diskussionen liebte er nicht nur bei den Einkehrtagen für Studenten, die er gern mit Bergsteigen oder Kanufahren verband. Einmal vertiefte er sich so in eine Debatte mit Professorenkollegen, dass sie nicht bemerkten, wie der Hausmeister alle Türen abschloss, und durch das Fenster aus der Hochschule klettern mussten. Ein wachsamer Polizist hielt das erlauchte Kollegium für eine Einbrecherbande und hätte um ein Haar alle festgenommen.

Mittelpunkt der Ethik des Professors Wojtyła war der konkrete Mensch; dieser Linie ist er bis in seine päpstlichen Enzykliken hinein treu geblieben. Für

Wojtyła sei ein Philosoph immer ein Zeuge für die Würde des Menschen, so fasst es sein langjähriger Mitarbeiter und Nachfolger in Lublin, Tadeusz Styczén, zusammen. Dem deutschen Philosophen Max Scheler – der ihn im Übrigen entscheidend prägte – warf Wojtyła vor, die sittliche Erfahrung, Grund aller Ethik, von der menschlichen Person und ihren Handlungen zu lösen.

Aber nicht mit der Theorie der Erfahrung solle man in der Philosophie beginnen, sondern mit der Erfahrung selbst. Um den Menschen geht es ihm, nicht um ein Gebäude aus Ideen. «Ein Gipfel ist jeder Mensch, der dieser Erde entsprießt», hat der Dichter Wojtyła einmal geschrieben, «und ein jeder ist ein solcher Gipfel.» Nichts anderes meint der Philosoph Wojtyła mit seiner Forderung, die Ethik habe über das Handeln nachzudenken, das die personale Würde des Menschen verlange. Ethik als «Geschichte von der Liebe, die der Person gebührt» (Tadeusz Styczén).

Die letzte Begründung für eine solche Ethik konnte nur religiös, metaphysisch sein: Weil die Existenz eines jeden Menschen von Gott gewollt ist und in jedem Menschen Gott lebt, besitzt jeder eine unantastbare Würde, muss auch das ungeborene, behinderte, schwach und brüchig gewordene Menschenleben absolut respektiert werden.

Protestkreuz in der kommunistischen Musterstadt

Es war eine in traditionellen Begriffen formulierte, aber keineswegs unumstrittene Theologie. Manche meinten, zu viel Rede vom Menschen bedrohe die Majestät Gottes und leiste dem Atheismus Vorschub. Aber Wojtyła baute seine Gedankenwelt nicht nur auf klassischen Kirchenvätern wie Thomas von Aquin oder modernen Philosophen wie Max Scheler und Jacques Maritain auf, sondern auch auf dem spanischen Mystiker Juan de la Cruz. Dessen geheimnisvoller Rede von der «dunklen Nacht des Glaubens», die der Mensch durchschreiten müsse, um dem wirklichen Gott zu begegnen, hatte er seine Doktorarbeit gewidmet.

Karol Wojtyła, der fröhliche, sportliche, kontaktfreudige Hochschullehrer, zeigte selbst phasenweise Züge eines Mystikers: Schon in der Kesselfabrik konnte es passieren, dass er sich während der Nachtschicht plötzlich mitten in der Halle auf die Knie warf, um zu beten, und alles um sich vergaß. Ein boshafter Arbeitskollege warf ihm einmal einen Scheuerlappen ins Gesicht, um ihn aus seiner Versenkung zu reißen – vergeblich.

Doch wenn es darauf ankam, besaß der mystisch angehauchte Priester politischen Scharfblick und die richtige Mischung aus Mut und Vernunft: 1956 brachen in Posen und Warschau Arbeiteraufstände los, die von der Armee blutig niedergeschlagen wurden. Wojtyła machte aus seinen Sympathien für die Freiheitskämp-

Der Ethik-Dozent Wojtyła während einer Paddelbootfahrt 1955 auf der Drawa.

fer kein Hehl, bremste aber die Studenten, die sich der Protestbewegung anschließen wollten: Lieber die neue kommunistische Führung unter Gomulka in ihrer vorsichtigen antistalinistischen Politik unterstützen, statt die sowjetische Besetzung Polens zu riskieren!

Der Ruf des «Teenagers» haftete Wojtyła in seinen nächsten Lebensabschnitten immer noch an: 1958 zum Weihbischof in Krakau ernannt, war er mit 38 Jahren Polens jüngster Bischof. 1964, mit 44, übernahm er das Bistum als Erzbischof, und drei Jahre später war er der zweitjüngste Kardinal auf der Welt. Sogleich erregte er in Rom Aufsehen, und das kam so: Vor den Toren des alten Krakau – Symbol des polnischen Katholizismus mit seiner ehrwürdigen Tradition – baute die kommunistische Führung eine Trabantenstadt namens *Nova Huta,* ein Modell der neuen Gesellschaft mit Schulen, Kindergärten, Einkaufszentren, breiten Straßen. Aber natürlich ohne Kirche.

Die Stahlarbeiter der Großbaustelle Nova Huta waren wütend. Sie errichteten ein riesiges Holzkreuz und forderten eine Kirche. Vergeblich. Bulldozer rollten an, um das Symbol einer aufmüpfigen Gesinnung einzureißen – und mussten unverrichteter Dinge wieder abrücken. Die Arbeiter hatten das Kreuz mit ihren Leibern geschützt. Das geschah immer wieder, ein Dutzend Mal. Der junge Erzbischof Wojtyła war entzückt von so viel Mut. Jahr um Jahr feierte er hier am Protestkreuz mit einer unübersehbaren Menschenmenge die Christmette, unter freiem Himmel, «unter den Sternen, wie das Jesuskind» (Wojtyła).

Es dauerte zwei Jahrzehnte, bis der zähe Widerstand der Stahlarbeiter und die geschickte Verhandlungsführung des Erzbischofs Erfolg hatten: 1977 konnte Wojtyła, inzwischen zum Kardinal erhoben, inmitten der ebenso protzigen wie öden Plattenbauten von Nova Huta den Grundstein für eine ziemlich avantgardistische Kirche legen. «Ihr habt nicht zugelassen», rief er den Vorstadtbewohnern stolz zu, «dass Gott hier stirbt!» Der Grundstein stammte aus der Basilika, die Kaiser Konstantin auf dem vatikanischen Hügel hatte errichten lassen; Papst Paul VI. hatte den Stein nach Nova Huta geschickt.

Die Krakauer liebten ihren geistlichen Führer. Mitten im feierlichen Ritus der Bischofsweihe entlockte ihm ein ehemaliger Arbeitskollege aus der chemischen Fabrik ein breites Lächeln mit dem tröstenden Zuruf: «Lolek, lass dich bloß nicht unterkriegen!»

Solchen Zuspruch hatte er auch während des Konklaves im Oktober 1978 nötig, wenn man den spärlichen Indiskretionen aus den Reihen seiner Kardinalskollegen glauben darf. Der Krakauer soll im siebten Wahlgang gewählt worden sein und abgelehnt haben. Erst als der achte Wahlgang ein noch überzeugenderes Votum ergeben habe (99 von 111 Stimmen, so wird kolportiert), sei es ihm nicht mehr möglich gewesen, sich der Wahl zu entziehen. Kardinal Ratzinger, damals noch Erzbischof in München: «Wir haben befürchtet, dass er sagen würde: Es geht über meine Kraft.»

2 Papst Wojtyła

Ein Pontifex, der immer für Überraschungen gut war

«Man bringt mir gerade bei,
wie sich der Papst zu verhalten hat»

Un straniero! stießen die Römer verblüfft hervor, als Kurienkardinal Pericle Felici am 16. Oktober 1978 von der Loggia des Petersdoms den Namen des neuen Papstes verkündete, die ungewohnten polnischen Silben mühsam zerdehnend. *Un straniero,* ein Fremder! «Ein Schwarzer?!», riefen andere erregt. Dann sprach sich herum, dass ein Pole gewählt worden war. Sofort erhoben sich neue Fragen: «Was, ein Kommunist? – Ist er jung? – Kann er überhaupt Italienisch?»

Und dann erschien der Nachfolger des überraschend nach nur 33 Tagen gestorbenen «lächelnden Papstes» Johannes Paul II. auf der Loggia und eroberte mit wenigen schüchtern, aber herzlich vorgetragenen Sätzen die Herzen seiner neuen Landsleute im Sturm: *Carissimi fratelli e sorelle!* begrüßte er sie in fast makellosem Italienisch. «Liebste Brüder und Schwestern!»

Die Kardinäle hätten den neuen Papst «aus einem fernen Land» berufen, «das aber immer nah gewesen ist durch die Gemeinschaft im Glauben [...]. Ich hatte Angst, ernannt zu werden [...]. Ich weiß nicht, ob ich mich in eurer – ich meine, in unserer Sprache gut ausdrücken kann. Wenn ich Fehler machen sollte, müsst ihr mich verbessern!»

Und schon jubelten ihm seine Zuhörer zu – wie sie es von da an 26 Jahre lang tun sollten. Der neue Papst verwendete nicht den früher üblichen geschraubten «Wir»-Stil, sondern sagte «Ich» wie sein so schnell populär gewordener Vorgänger. Wie er nannte er sich «Johannes Paul». Er versprach den Römern, einer von ihnen werden zu wollen. Und er erwähnte zweimal die von Italienern und Polen gleichermaßen heiß geliebte Madonna.

«Petrus war auch kein Italiener»

Warum Karol Wojtyła? Warum nach exakt 455 Jahren wieder ein Nichtitaliener im Petrusamt, der erste nichtitalienische Papst überhaupt auf dem Thron der Petersbasilika (denn als Hadrian VI. aus Utrecht regierte, war der Petersdom noch eine Baustelle)?

Man weiß zwar, dass sich die verschiedenen italienischen Favoriten – Benelli für die eher Liberalen, Siri von der konservativen Fraktion – gegenseitig blockiert haben und dass Meinungsmacher wie der Wiener Kardinal König oder der Holländer Willebrands deshalb Wojtyła als idealen Kompromisskandidaten ins Spiel brachten. Aber das erklärt noch wenig. Wojtyła selbst hielt es für unmöglich, dass einer wie er gewählt würde. «Wir stimmen in Rom ab, es wird ein Italiener sein», sagte er bei der Abfahrt in Krakau zu einem Jugendfreund. Der entgegnete: «Vergiss nicht, Petrus war Jude, kein Italiener!»

Sicher ist, dass der Krakauer Erzbischof aufgrund vielfältiger Besuche und Kontakte kein Unbekannter in der Weltkirche war. Beim Zweiten Vatikanischen Konzil (1962 bis 1965) hatte er die älteren Bischofskollegen durch seine Erfahrungen mit dem staatlich verordneten Atheismus beeindruckt und an wichtigen Dokumenten mitgearbeitet, vor allem an den Erklärungen zur Religionsfreiheit und über das Verhältnis der Kirche zur modernen Welt.

Auch an den Bischofssynoden, die den Aufbruch des Konzils in den folgenden Jahren lebendig zu halten suchten, beteiligte er sich sehr aktiv, wobei er sein Sprachentalent nutzte. In der von Paul VI. eingesetzten Kommission zur Geburtenkontrolle stellte er sich freilich massiv gegen seine Amtsbrüder. Er sorgte dafür, dass der skrupulöse Papst das eindeutige Mehrheitsvotum umstieß und die gut gemeinte, aber katastrophal wirkende «Pillen-Enzyklika» *Humanae vitae* veröffentlichte, die Wojtyłas Handschrift trägt.

Er reiste viel herum; noch drei Wochen vor seiner Wahl besuchte er zusammen mit dem polnischen Primas Wyszyński die Bundesrepublik. Das durch den so rasch verstorbenen Albino Luciani geprägte «Papstprofil» schien auf ihn zu passen: ein Seelsorger mit kraftvoller Ausstrahlung, spirituellem Charisma, aber nicht zu liberalen Ideen.

Vielleicht waren Wojtyłas Wähler aber auch einfach von dem Selbstbewusstsein und der argumentativen Stärke beeindruckt, womit der Erzbischof von Krakau immer wieder den kirchlichen Standpunkt gegenüber der kommunistischen Herausforderung vertreten hatte. Pikantes Detail am Rande: Als 1963 – wie üblich – drei Kandidaten für das Krakauer Bischofamt im Gespräch waren, machte der polnische Staatspräsident zum ersten Mal von seinem Vetorecht Gebrauch, lehnte die beiden aus altem Adel stammenden «Mitbewerber» ab und entschied sich für den aus kleinen Verhältnissen kommenden Karol Wojtyła. Eine Weichenstellung, die Polens kommunistische Führung noch bitter bereuen sollte.

Die Katholiken in Polen aber waren stolz und glücklich. Man holte die mehr als ein Jahrhundert alte Weissagung des romantischen Dichters Juliusz Słowacki hervor: «Des Herren Welt zu errichten, bedarf es besonderer Kraft. Ein slawischer Papst, Bruder des einfachen Volkes, wird kommen, der dies schafft!» Und Primas Wyszyński, der die kommunistischen Gefängnisse von innen kannte, steuerte seine eigene Prophezeiung bei: Dieser «Sohn eines Landes der Kreuze und Kriegsfriedhöfe, der zerstörten und wieder aufgebauten Gotteshäuser, Städte und Dörfer» werde der Menschheitsfamilie den richtigen Weg zu zeigen wissen.

In seiner Ansprache während der Amtseinführung auf dem Petersplatz – auf eine pompöse Thronbesteigung und auf die Krönung mit der dreistufigen Tiara hatte schon sein Vorgänger verzichtet – ließ Johannes Paul II. keinen Zweifel daran, dass er ein klares Programm für Kirche und Welt im Kopf hatte. *Non abbiate paura!* rief er mit seiner Posaunenstimme in die Fernsehmikrofone, «habt keine Angst! Öffnet, ja reißt die Tore weit auf für Christus! Öffnet die Grenzen der Staaten, der wirtschaftlichen und politischen Systeme, die weiten Bereiche der Kultur, der Zivilisation und des Fortschritts seiner rettenden Macht! […] Heute weiß der Mensch oft nicht, was er in seinem Innern, in der Tiefe seiner Seele, seines Herzens trägt. Er ist vom Zweifel befallen, der dann in Verzweiflung umschlägt. Erlaubt also – ich bitte euch und flehe euch in Demut und Vertrauen an –, erlaubt Christus, zum Menschen zu sprechen! Nur er hat Worte des Lebens.»

Ein ganz normaler Mann und der
«meistfotografierte Pullover der Welt»

Zu seinen ersten Amtshandlungen gehörte ein sponta-
ner Besuch in der römischen Gemelli-Klinik, wo ein
befreundeter schwer kranker Bischof lag. Ärzte, Kran-
kenschwestern und Patienten standen Kopf, und der
von allen Seiten bedrängte Papst witzelte, bei so viel
Begeisterung werde er bald selbst ein Bett in der Klinik
brauchen. Als er ins Auto steigen wollte, flüsterte ihm
ein Monsignore aus seiner Begleitung etwas zu. Johannes Paul drehte sich um und verkündete lächelnd: «Ach
so, ich muss euch noch den Segen geben! Man bringt
mir gerade bei, wie sich der Papst zu verhalten hat.»

Dann kamen eine Pressekonferenz mit zweitausend
Journalisten, deren Fragen Wojtyła ziemlich direkt
und in fünf Sprachen beantwortete, ein Abendessen

Auf seinen Reisen küsst Johannes Paul II. nach seiner Ankunft den
Boden des Landes (hier in Angola).

mit knapp siebzig Gästen, Wein aus Castel Gandolfo und polnischem Wodka und schließlich Wallfahrten mit dem Hubschrauber nach Assisi und zum Marienheiligtum Mentorella. Dorthin war er vor Beginn der Papstwahl zwölf Kilometer zu Fuß gewandert; als der Konklave-Sekretär die versammelten Kardinäle zu zählen begann, kam in letzter Minute Wojtyła atemlos und mit wehender Soutane von seiner Wallfahrt zurück, unpünktlich wie immer. Fast hätte ihn die Madonna um seine Wahlchancen gebracht.

Kaum ins Amt gewählt, kündigte Johannes Paul Reisen zur Lateinamerikanischen Bischofskonferenz nach Mexiko, ins heimische Krakau und zum Berg Sinai an; dort wollte er mit dem ägyptischen Präsidenten Sadat und mit Israels Premier Begin den erhofften Friedensvertrag feiern.

Die Journalisten vergötterten ihn, Nonnen stießen spitze Schreie aus, wenn er eine Versammlung von Ordensleuten besuchte, alte Menschen fielen vor ihm auf die Knie, junge Mädchen wurden rot, wenn er sie mit der Zärtlichkeit eines Vaters auf die Stirn küsste.

Es sprach sich bald herum, dass der polnische Papst innerkirchliche Reformer auszubremsen pflegte, in der Sexualmoral altmodische Mahnungen verteilte und theologisch Barrieren auftürmte, wo man auf die Offenheit des einstigen akademischen «Teenagers» gesetzt hatte. Doch das tat der allgemeinen Begeisterung wenig Abbruch.

Wie sich der neue Pontifex im Vatikan und auf Reisen bewegte, wirkte wie ein Befreiungsschlag. Inmitten der vielen knochentrockenen Kirchenbeamten und scheinbar geschlechtslosen Prälaten trat der Wojtyła-Papst wie ein völlig normaler Mensch auf, energiegeladen, strotzend vor Gesundheit, mit einer vibrierenden Männlichkeit, körperbewusst und gleichzeitig von wachem Intellekt, voller Charme, einer Portion herausfordernder Frechheit und nicht ohne Selbstironie.

Man konnte ihn sich so gut als Familienvater vorstellen, wie er nach Hause kommt, die Aktentasche in eine Ecke pfeffert, seinen Jungs über die Haare streicht und sich eine Zigarette anzündet. «Nur bei ihm konnte ich die Farbe seiner Socken sehen; er ist der erste Papst, den ich in der Öffentlichkeit die Beine kreuzen gesehen habe», staunte Juan Arias, ein altgedienter Vatikan-Korrespondent aus Spanien, der fünf Päpste erlebt hatte.

Bei ihnen allen habe sich der Mensch hinter dem Papst versteckt, «immer mit weißer Spiritualität umkleidet», schreibt Juan Arias in seiner intelligenten Analyse. Bei Karol Wojtyła sei es genau andersherum: Wer sich ihm nähere, sehe zuerst den Menschen und dann erst den Papst. Arias: Johannes Paul setzt sich auf seinen Reisen Indianerfedern und exotische Mützen auf und zieht einen peruanischen Poncho an, aber er wirkt nicht verkleidet, «er ist immer er selbst. Er ist immer Wojtyła.»

Irgendwann feierte er auf einem römischen Platz ein Volksfest zu Ehren Mariens mit. Es wurde kalt, er verlangte einen Wollpullover und zog ihn sich einfach über die weiße Soutane. «Es war der meistfotografierte Pullover der Welt», stand am nächsten Tag in den

Zeitungen. Aber bei Johannes Paul wirkt so etwas natürlich, überhaupt nicht wie ein Gag, eine erzwungene Geste.

Im Cricketstadion von Sidney begrüßte ihn am 26. November 1986 vor dem Gottesdienst ein junges Mädchen; der Papst nahm ihren Kopf zwischen seine Hände und küsste sie sanft auf die Stirn. Dann fasste er zwei Chorsängerinnen an der Hand, reihte sich in eine Kette von 30 000 Menschen ein, die das Stadion in vielen Verschlingungen füllte, und sang ihre Lieder mit. «Ich will euch berühren und umarmen!» rief er bei einem Seelsorgsbesuch einer römischen Pfarrgemeinde zu und fegte so die komplexbeladene Körperfeindlichkeit von Jahrhunderten mit einem Schlag beiseite.

Ein anderer kluger Reisebegleiter, der italienische Publizist Luigi Accattoli, sah in diesem Habitus eine «Rückkehr zu den Päpsten der Renaissance, die auf die Jagd gingen, Gedichte schrieben und das Theater liebten». Johannes Paul ging freilich nicht auf die Hirschjagd, sondern zum Skifahren nach Cadore und in das Aostatal. Er pflegte im Zickzack abzufahren, nicht sehr elegant, aber kraftvoll und sicher. In seiner Sommerresidenz Castel Gandolfo ließ er sich einen Swimmingpool bauen. Das muffig eingerichtete päpstliche Esszimmer im Vatikan verwandelte er in einen Speisesaal mit einer langen Tafel, weil er gern Gäste bei sich hatte.

«Nennt mich einfach Karol!» Mit dieser Aufforderung brachte er regelmäßig Jugendgruppen zum Ausflippen. Aber das ist schon wieder eine andere Geschichte.

3 John Paul Superstar

Der Medien- und Reisepapst

«Er ist schöner als Jesus!»

«Papst, du bist viel stärker als Superman», bescheinigten ihm begeisterte Jugendliche auf einem Transparent, das sie während des Angelus-Gebets auf dem römischen Petersplatz entrollten. Eine 85-Minuten-Kassette vom Papstbesuch in Kanada wurde dort zum meistverkauften Video-Hit und schlug die bisherigen Spitzenreiter Michael Jackson und Jane Fonda mühelos aus dem Feld. Beim Weltjugendtag in Manila brachte Johannes Paul II. 1995 fast vier Millionen Menschen auf die Beine – zum wohl größten Gottesdienst der Religionsgeschichte.

Während der Generalaudienzen am Mittwoch brach in Rom anfangs jedes Mal der Verkehr zusammen; die von Paul VI. gebaute Audienzhalle reichte für den Pilgerandrang längst nicht mehr aus. Der Papst kreuzte im offenen Jeep über den Petersplatz, schüttelte Hände, segnete Kinder, riss Zehntausende von Menschen mit seinen pointierten Reden zu Beifallsstürmen hin.

Merkwürdigerweise vor allem die Jugend, die er mit Visionen von einer friedlichen, gerechten Welt bezauberte und mit Appellen zur sexuellen Enthaltsamkeit nervte. Einmal stellte er so einer Ansammlung junger Leute eine Reihe von Suggestivfragen. «Widersagt ihr dem Konsumwahn, dem Profitdenken, der Gewalt?» wollte er wissen, und jedes Mal brüllten sie voller Überzeugung: «Ja!» Als er sie aber aufforderte, auch den sexuellen Verführungen zu widerstehen, da scholl es wie aus einem Mund zurück: «Neeein!!!» Papst Wojtyła lächelte wie ein Großvater, der seinen Enkeln nicht übel nimmt, dass sie ihn nicht verstehen.

«Veräußert die Schätze des Glaubens nicht zu billigen Preisen», ermahnte er 60 000 Jugendliche in Wien. «Nehmt die Gebote Jesu Christi ernst!» Der menschliche Körper sei kein Objekt, sondern eine Erscheinungsform der Person, eine Einladung zur Kommunikation, ein Wunder, das Respekt verdiene, gab er einem Millionenpublikum in Paris zu bedenken. «Anbetung des Körpers? Nein, niemals! Verachtung des Körpers? Das schon gar nicht. Beherrschung des Körpers? Ja! Läuterung des Körpers? Das noch mehr!»

Aber die Kids, die mit solchen Appellen wenig anfangen konnten, liebten ihn abgöttisch. Sie lachten dankbar über seine verspielten Gesten, wenn der hinfällige alte Mann mit dem Gehstock einen Baseballschläger imitierte. Sie skandierten minutenlang *John Paul Two, we love you!* und waren entzückt, wenn er mit seiner sonoren, bisweilen brummigen Stimme antwortete *John Paul Two loves you too,* ich liebe euch genauso.

Abseitige Formen drohte der Kult um Johannes Paul Superstar anzunehmen, wenn Dritte-Welt-Zeitungen

Auf seiner Reise in die USA feiert Johannes Paul II. 1979 einen Gottesdier zwischen den Wolkenkratzern von New York.

titelten «Er ist Gott auf Erden», italienische Nonnen schwärmten «Er ist schöner als Jesus» oder ein paar Teenager im peruanischen Lima mit den Fingernägeln seine Hände blutig kratzten, um ein Stück Papsthaut als Reliquie zu ergattern. War das wirklich nur die verzweifelte Sehnsucht nach einer Vaterfigur, das «ödipale Vakuum» der postmodernen Gesellschaft, wie psychologisch geschulte Kommentatoren vermuteten?

Die Schwierigkeit, ein Superstar zu sein

Ist er bloß ein hoch talentierter Darsteller gewesen, dieser Liebling der Medien, ein Petrus zum Anfassen, mobilster Papst der Kirchengeschichte, der bei seinen 104 Seelsorgsreisen mehr als 1,2 Millionen Kilometer zurückgelegt hat, was fast dreißigmal dem Erdumfang entspricht oder drei Flügen zum Mond?

Stimmt das gern kolportierte Bild vom Pontifex, der nach außen hin kontaktfreudig, gesprächsbereit auftrat und im Grunde seines Herzens ein starrer, unduldsamer Konservativer geblieben ist? Gerade dieser Papst, der im Rampenlicht der Öffentlichkeit stand wie keiner vor ihm, der die unmittelbare Begegnung mit den Menschen suchte, in allen Medien gesehen, gehört und gelesen wurde – ausgerechnet dieser allgegenwärtige Papst produzierte Klischees.

Der ungeheure Erwartungsdruck, der sich auf ein Idol richtet, muss zu Enttäuschungen führen. Durchschnittlich 746 Reden pro Jahr hat er gehalten, bis zu fünf Dutzend auf manchen Reisen; aus diesem unüberschaubaren Wortgebirge werden ein paar Zitate überleben, die den einen freuen und den andern ärgern. Situationsbedingte Äußerungen, beiläufig hingeworfen, fanden sich flugs zu Programmpunkten verfremdet, aus Lagebeurteilungen wurden Dogmen.

Einig waren sich Papst-Fans und Wojtyła-Kritiker nur in der bewundernden oder neidvollen Anerkennung seiner beispiellosen menschlichen Ausstrahlung. Entwaffnend schlicht und gleichzeitig mit untrüglichem Instinkt ging er auf die Menschen zu, ein Charismatiker, wie maßgeschneidert für das Medienzeitalter und doch mit einem Rest vornehmer Distanz, die ihm billige Anbiederung verbot. Ein Hoffnungsträger, der die Massen zum Zuhören zwang, ohne um ihre Gunst zu buhlen.

Als er am frostigen Dreikönigstag 1981 das römische Jugendgefängnis *Casal del Marmo* verließ, nach zwei Stunden ungefilterter Diskussion, stand er draußen aufrecht im offenen Auto und segnete die schweren Jungs noch einmal, die sich in Trauben hinter den vergitterten Fenstern drängten. Einer schrie von oben: «Papst, setz dich hin, es ist eiskalt!» Johannes Paul lachte dankbar und gehorchte.

Selbstverständlich nutzte er seine Bühnenerfahrung – wie hätte er sie vergessen können? Er verkörperte jede Rolle perfekt, nahm Sprechchöre auf wie einen zugeworfenen Ball, hatte sein Publikum jederzeit im Griff. Er hob den Kreuzstab mit beiden Händen hoch über die

Menge wie ein Feldherr sein Schwert. Als er noch gesund war, stürmte er mit federnden Schritten und flatterndem Gewand über die großen Plätze, durchpflügte die Menschenmassen wie ein Traktor, beherrschte die Menge, statt sich von ihr behindern zu lassen.

«Die Madonna hat mich gerettet!»

Karol Wojtyła war demütig wie jeder spirituelle Mensch, er wusste, dass er den Ansprüchen seines Herrn nie ganz genügen konnte, er zweifelte an seinen persönlichen Qualitäten – aber nie an der Richtigkeit seines Programms. Er wirkte unverschämt selbstsicher, ob er blutbefleckten Diktatoren öffentlich ins Gewissen redete oder sich im Krankenhausbett fotografieren ließ. Er hatte das Selbstbewusstsein eines von Gott Gesandten – vor allem, nachdem er 1981 das Attentat auf dem Petersplatz trotz gewaltigen Blutverlustes überlebt hatte. «Die Madonna hat mich gerettet!», deutete er den glücklichen Ausgang und fühlte sich von da an umso mehr berufen, Kirche und Menschheit sicher in das neue Jahrtausend zu führen.

Sensible Journalisten hatten bisweilen aber auch den Eindruck, dem Papst sei es peinlich, dauernd im Mittelpunkt der Aufmerksamkeit zu stehen, vor allem in Kathedralen und Krypten, wo man ihn auf dem Weg zum Altar mit der Kamera verfolgte, statt sich auf Gottes Gegenwart zu konzentrieren. Andreas Englisch, der ihn jahrelang im Flugzeug begleitete: «Johannes Paul II.

Der Papst und die Jugendlichen: hier während des Weltjugendtages 2004 in Rom.

begrüßte mich so zurückhaltend, als käme gleich noch ein anderer, der richtige Papst, und als sei er nur Karol Wojtyła aus Wadowice.» Und sein kaum polnisch gefärbtes Deutsch: «Er sprach es nicht wie andere Menschen, die zeigen wollen, wie gut sie Fremdsprachen beherrschen. Er sprach es auf eine einfache, bescheidene

Weise, so, als wolle er es seinem Gast leichter machen, sich wohlzufühlen.»

Andere haben eine feine Ironie an ihm beobachtet, eine schützende Barriere vor seinen tiefsten Motiven und Empfindungen, «als wollte er sich manchmal über seinen eigenen Schatten lustig machen» (Arias). Eine müde Melancholie, die ihn bisweilen mitten in einer fröhlichen Gottesdienstfeier traurig erscheinen lasse, als bleibe ein Rest Misstrauen gegen die flüchtige Begeisterung der Menschen. Hat er deshalb so intensiv die Begegnung mit jungen Leuten gesucht, weil er Angst hatte vor der eigenen Traurigkeit, weil er den Pessimismus bekämpfen musste, der aus seinen frühen Erfahrungen mit Tod, Gewalt und feigem Verrat wuchs?

Und das scheinbare Desinteresse, wenn er viele Hände hintereinander zu schütteln hatte und die Person gar nicht ansah, mit der er gerade sprach? Gab es tief im Innern des großen Kommunikators so etwas wie Einsamkeit? Oder musste er Distanz schaffen, um ein Stück von sich selbst zu retten?

4 Der Kämpfer

Anwalt der Menschenwürde

«Man kann nicht nur auf Probe lieben»

«Öffnet euch der großartigen Wahrheit über den Menschen!», ermunterte Johannes Paul II. in seiner allerersten Weihnachtsbotschaft 1978 nicht nur die Christen. «Gebt ihm die Freiheit, in den konkreten Bedingungen seines irdischen Daseins zur Entfaltung zu kommen. In diesem Geheimnis liegt die Kraft des menschlichen Wesens, die Macht, die über allem Menschlichen aufleuchtet. Erschwert nicht dieses Aufstrahlen. Erstickt es nicht!»

Und dann noch einmal, beschwörend: «In Christus hat Gott Freude am Menschen. Den Menschen darf also niemand vernichten. Es ist nicht erlaubt, ihn zu erniedrigen, nicht erlaubt, ihn zu hassen.»

Es war das alte Thema des Dichters, Priesters und Professors Karol Wojtyła: die «Königswürde» des Menschen, wie er zu sagen pflegte, seine von Gott empfangenen unveräußerlichen Rechte, der unendliche Wert jeder einzelnen Person. Der Vorrang dieser Person vor den Dingen, der Ethik vor der Technik, der Moral vor Macht und Profit.

Gloria Dei vivens homo, wie es Irenäus von Lyon am Anfang der Christenheit ausdrückte, «die Ehre Gottes ist der lebendige Mensch.» Theologie ist Anthropologie. Glaube an Gott geht nicht ohne Respekt vor dem Menschen. Wer Gott finden will, dem dürfen seine Geschöpfe und Abbilder nicht gleichgültig sein. Viele Beobachter sehen darin – in der unlösbaren Verknüpfung von Gottesglauben und Humanismus – die bleibende Bedeutung dieses Pontifikats.

Der Mensch «an sich» ist kostbar

Vieles vom Menschen stirbt in den Dingen, mehr
als da bleibt. Hast du versucht, Unsterbliches
zu begreifen? Hast du versucht, ihm Raum und
Profil zu finden? –
– Sprich nicht von Unbekannten! Der Mensch ist
keine Unbekannte!
– Der Mensch ist immer erfüllt davon, was human ist.
– Trenne den Menschen nicht von den Dingen, die
der Körper seiner Geschichte sind!
– Trenne die Leute nicht vom Menschen, wel-
cher zum Körper ihrer Geschichte wurde: Was
menschlich durch und durch ist, werden die
Dinge nicht retten – nur der Mensch!»

Schon in den Gedichten des polnischen Pfarrers und Bischofs Wojtyła – hier eine Meditation über Vergänglichkeit und Weiterleben – heißt das Lieblingswort «Mensch». Christus, der Menschensohn. Der Mensch in seiner Sehnsucht und Verzweiflung. Der Mensch am Fließband. Der Mensch als Nächster.

Als Erzbischof von Krakau sprach Wojtyła im *Radio Vatikan* über Vernunft und Freiheit als Attribute der menschlichen Person: Vom *homo faber* oder *homo sapiens* zu reden, reiche nicht aus. Denn der Mensch lebe weder für die Technik noch für die Zivilisation oder Kultur, er habe eine Würde «an sich», unabhängig von solchen Zweckbestimmungen.

Als er Papst geworden war, gab er seiner ersten Enzyklika den vielsagenden Titel *Redemptor hominis*, «Erlöser des Menschen». Christus sei mit jedem Menschen ohne Ausnahme verbunden, und der reale Mensch mit seiner Neigung zum Bösen und mit seinem Durst nach Wahrheit und Liebe sei «der Weg der Kirche». Ihr Auftrag laute, die unveräußerlichen Menschenrechte zu schützen, aber auch – gegen «seelenlosen Pragmatismus» und subjektive Beliebigkeit – die tiefste Sehnsucht im Menschen freizulegen: die nach der «allein gründenden und bergenden Wahrheit», wie er es 1980 auf der Münchner Theresienwiese vor jungen Menschen formulierte.

Kirchliche Angestellte, «Dienstleister» würde man heute sagen, ermahnte er auf dieser ersten Deutschlandreise, nicht bloß einen «brauchbaren Service» zu liefern. «Ihr seid so wichtig, weil ihr Tränen abwischt und Hungernde sättigt; weil ihr Einsamkeit aufhebt, Schmerz lindert und Gesundheit ermöglicht.»

Der Mensch, so hieß eine seiner Grundprämissen, sei «an sich» kostbar und nicht weil er bestimmten Zwecken diene. Deshalb sein unentwegter Einsatz für den Lebensschutz vom ersten Augenblick an. Die Gewissens- und Entscheidungsfreiheit des Einzelnen finde ihre Grenze an dieser unbedingten Achtung vor dem Leben.

Doch der Mensch, das war sein zweiter Zentralsatz, existiere nie nur in sich selbst, sondern immer in Beziehung. Deshalb: Solidarität statt Egoismus. Aufmerksamkeit für den anderen statt des ewigen Kreisens um sich selbst. Papst Wojtyłas Vorliebe für Ehefragen und Familienprobleme, seine ständig wiederholten Attacken auf voreheliche Sexualität und alternative Beziehungsformen hat man gern als den hypnotisierten Blick des zölibatären Kaninchens auf die Schlange Sex gedeutet. Es steckt etwas anderes dahinter.

Plötzlich war er ein Feminist geworden

Als Erzbischof von Krakau hatte Karol Wojtyła bei seinen ehemaligen Fachkollegen aus der Moraltheologie helles Entsetzen ausgelöst: In seinem Buch *Liebe und Verantwortung* plädierte er 1969 seelenruhig für das Recht der Frau auf ihren eigenen Orgasmus. Es sei nur recht und billig, «dass beim Geschlechtsakt der Mann nicht als einziger den Höhepunkt der Erregung erreichen sollte, sondern dass derselbe mit der Teilnahme

der Frau erreicht werden sollte, nicht nur durch sie.»
Weibliche Frigidität sei oft die schlichte Antwort auf
dumpfen männlichen Egoismus beim Sex. Das klingt
zwar ebenso einleuchtend wie menschenfreundlich,
aber solche Gedanken hatte sich damals ein Erzbischof

«Die Heiligkeit besteht nicht darin, außerordentliche Dinge zu voll-
bringen. Vielmehr darin, mit einem Lächeln anzunehmen, was Jesus uns sendet» (Mutter Teresa).

nicht zu machen, schon gar nicht in Polen. In kluger Voraussicht hatte der plötzlich Feminismusverdächtige sein Buch nicht dort drucken lassen, sondern in Italien, wo Paul VI. höchstpersönlich die Wogen glätten musste.

Später als Papst arbeitete er in seinen Mittwochsaudienzen eine regelrechte «Theologie des Leibes» aus. Sexualität begriff er als Teilhabe am Schöpfungswerk und deshalb als Nachvollzug der Liebe Gottes zum Menschen. Die «Freude am Akt» gehöre zum Wesen ehelicher Gemeinschaft.

Der Papst offenbarte eine ziemlich realistische Sicht von Liebe und Ehe – letztere bleibe immer «ein Versuch, in dem die Liebe geprüft wird». Reinheit bedeute nicht, sich von geschlechtlichen Dingen fernzuhalten, sondern «den Trieb zu einem typisch menschlichen Erlebnis zu machen», den Sex in der «geistigen Tiefe» des Menschen zu verankern. Gott erreiche man nicht, indem man menschliche Bedürfnisse verleugne, sondern indem jedes geschaffene Sein versuche, «einfach so gut wie möglich es selbst zu sein».

Er träumte von einer menschenwürdigen Sexualität als Ausdruck von Liebe und Gemeinschaft. Eine Vision, die ihn freilich regelmäßig zu sorgenvollen Mahnungen und Kirchengegner zu geschmacklosen Störaktionen veranlasste. «Kondome statt Dome!» johlte die alternative Szene aus Kreuzberg, als er 1996 Berlin besuchte und Farbbeutel am Panzerglas seines «Papamobils» abprallten.

Sechzehn Jahre zuvor hatte Johannes Paul bei seinem ersten Deutschland-Aufenthalt 1980 ein flammendes Plädoyer für klare Verhältnisse in den Beziehungen zwischen Mann und Frau gehalten. Ihm ging es um Sicherheit, Eindeutigkeit, Treue zur einmal getroffenen Entscheidung. Der Papst damals in Köln: «Man kann nicht nur auf Probe leben, man kann nicht nur auf Probe sterben, man kann nicht nur auf Probe lieben, nur auf Probe und Zeit einen Menschen annehmen!»

Blick zurück nach Polen und auf Wojtyłas Buch *Liebe und Verantwortung,* in dem so viel von Zärtlichkeit die Rede war: Ihre Daseinsberechtigung habe diese Zärtlichkeit nur in der Liebe, hieß es da, denn «Zärtlichkeit ist die Kunst, den Menschen als Ganzes zu fühlen, seine ganze Person, selbst die verborgensten Regungen der Seele […]. Die wahre menschliche Liebe muss zwei Elemente in sich vereinen: die Zärtlichkeit und eine gewisse Festigkeit, denn man darf nicht vergessen, dass die menschliche Liebe auch Kampf bedeutet.»

«Ich bin ein Befreiungstheologe»

Liebe kann zornig machen und zum Kampf motivieren – das hatte der Student Karol Wojtyła begriffen, als er sich mit der Gesellschaftsgeschichte seiner polnischen Heimat befasste. «Die Bauern wurden geprügelt und eingesperrt», notierte er bitter, «weil sie ihre unbestreitbaren politischen Rechte einforderten, weil sie spürten, dass die Stunde des Schicksals kam, weil sie recht hatten!»

Immer wieder lenkte Papst Johannes Paul II. die Aufmerksamkeit der Welt auf den «vergessenen Kontinent» Afrika.

Als er genau vier Jahrzehnte später als Papst zum ersten Mal Deutschland besuchte, war der gesellschaftspolitische Akzent seiner Botschaft unüberhörbar. Ungeachtet des scheinbar so friedlichen Sozialklimas der Bundesrepublik stellte er das Ende des unbegrenzten Wachstums fest, warnte vor «aufkeimender Fremdenfeindlichkeit» und forderte eine «merkliche Selbstbeschränkung der reichen Nationen» zugunsten der Dritten Welt.

«Jeder von uns», so die päpstliche Aschermittwochspredigt 1985, «muss schon hier auf Erden jene radikale Lösung des Problems des menschlichen Unglücks vorbereiten, die im Himmel ihre Vollendung findet, jeder von uns muss mithelfen bei der Erlösung der sozialen Strukturen und Staatsordnungen.» Und «aus vollem Herzen» versicherte er den peruanischen Bischöfen, dass die Kirche an der «vorrangigen Entscheidung zugunsten der Armen» festhalte und das Engagement für die Elenden als unverzichtbaren Anteil ihrer Mission betrachte.

Dort in Lateinamerika fanden seine Gottesdienste manchmal vor bürgerkriegsähnlichen Szenarios statt. Als er im Bernardo-O'Higgins-Park in Santiago de Chile mit 600 000 Menschen Eucharistie feierte, schrien die Gegner von Pinochets Militärdiktatur «Mörder, Mör-

Konkreter Einsatz für die Familie: Johannes Paul II. mit Menschen aus der vom Erdbeben verwüsteten umbrischen Stadt Annifo (Januar 1998).

der!» und riefen dem Papst zu: «Bruder Papst, nimm den Tyrannen mit!» Barrikaden gingen in Flammen auf, brutale Polizeikommandos schossen Tränengasgranaten in die Menge. Der schockierte Papst empfing demonstrativ die Vertreter der bis dahin in Chile verbotenen Oppositionsparteien und sprach lange mit den Angehörigen verschleppter und ermordeter Freiheitskämpfer.

«Ich bin selbst ein Befreiungstheologe», so verblüffte er seine Zuhörer in Südamerika mit der ihm eigenen Vorliebe für pointierte und auch verwirrende Akzentsetzungen. Der «Vater» dieser Theologie der Ausgebeuteten, Gustavo Gutiérrez aus Peru, äußerte sich danach begeistert über Wojtyłas Feststellung, den Hunger nach Gott müsse man wachsen lassen und den Hunger nach Brot beseitigen. Der Papst umarmte verfemte Bischöfe wie den «roten» Hélder Câmara («Mein Bruder!», nannte er ihn zärtlich), und in seiner Enzyklika *Laborem exercens* erscheint der Begriff «Kirche der Armen» zum ersten Mal in einem päpstlichen Lehrschreiben. Brasilianische Arbeiter feierten ihn mit erhobener Faust als «Genossen».

Im kanadischen Edmonton nahm er ohne jede diplomatische Verkleisterung die «Profitinteressen» der Mächtigen und die freie Marktwirtschaft aufs Korn: «Im Licht der Worte Christi wird dieser arme Süden über den reichen Norden zu Gericht sitzen!» In Bolivien nannte er das «unmenschliche Elend» der Dritten Welt wütend das Resultat eines «praktischen Götzendienstes», der den Welthandel präge.

In den USA schwärmte er von der wunderbaren Botschaft der Freiheitsstatue auf Ellis Island, fügte aber hinzu, diese Freiheit werde pervers, wenn man sie dazu missbrauche, «die Schwachen zu beherrschen, natürliche Rohstoffe und Energie zu vergeuden und den Menschen fundamentale Bedürfnisse zu verweigern.»

«Gewisse antiwestliche Einstellungen des Papstes Wojtyła zugunsten der Dritten Welt gefallen uns nicht», schrieb ein führender liberaler Journalist in Italien damals pikiert in seinen Leitartikel.

Aber es ging immer nur um den Menschen.

Der von Gott als sein Bild erschaffene und erlöste Mensch, der durch eine unselige Tradition von Gewalt und Hass und vor allem durch sich selbst gefährdete und deshalb immer noch erlösungsbedürftige Mensch, der Mensch, der meint, im Namen des eigenen Menschseins Gottes Bild in sich zurückweisen zu müssen – dieser Mensch ist die große Liebe des Papstes Karol Wojtyła gewesen.

5 Der Mauerbrecher

Papst Jan Paweł und der Zusammenbruch des Ostblocks

«Empfangen Sie ihn nicht, es wird nur Ärger geben!»

«Wenn er gewollt hätte», bemerkte Wojtyłas jüdischer Schulfreund Jerzy Kluger trocken, «wäre er auch Präsident von *General Motors* geworden.» Die durchaus irdischen Managementqualitäten des polnischen Papstes und seine Schlüsselrolle bei den geschichtlichen Umwälzungen des ausgehenden 20. Jahrhunderts finden längst auch bei völlig kirchenfernen Historikern Anerkennung.

Dabei hätte die politische Ausgangslage, als er im Oktober 1978 gewählt wurde, nicht katastrophaler sein können. Zwischen Ost und West herrschte kalter Krieg, der in krisenhaften Momenten mehrfach zur heißen, schlimmstenfalls nuklearen Auseinandersetzung zu eskalieren drohte: wirtschaftlicher Wettlauf, militärische Rivalität, Ringen um globale Einflusssphären, nicht zuletzt der Kampf der Herrschaftssysteme. Bürgerfreiheit gegen Meinungsdiktatur. Volkssouveränität gegen die Allmacht einer Partei.

In Polen hatte diese Partei längst ihren moralischen Führungsanspruch verloren, nachdem Arbeiter für höhere Löhne und stabile Lebensmittelpreise auf die Straße gegangen und von Panzerbesatzungen zusammengeschossen worden waren. Studenten und Intellektuelle schlossen sich dem Protest an. Der Kirche wuchs immer deutlicher die Rolle zu, die wirklichen Bedürfnisse des Volkes zu artikulieren. Als 1976 der Generalstreik ausgerufen wurde, brachten der polnische Primas, Kardinal Wyszyński, und der Krakauer Kardinal Wojtyła die Regierung davon ab, Anklage gegen die Arbeiterführer zu erheben – und die Streikenden dazu, die Arbeit wieder aufzunehmen. So wurde ein Bürgerkrieg vermieden.

Ohne Papst Johannes Paul II. wäre der Kommunismus in Polen nach Einschätzung von Lech Wałęsa «im Blut versunken».

Bei der Fronleichnamsprozession 1977 rief Wojtyła auf dem Krakauer Wawel einer riesigen Menge junger Leute zu: «Menschenrechte können nicht in der Form von Konzessionen eingeräumt werden. Der Mensch ist mit ihnen geboren […]» Ein Düsenjäger überflog mehrmals den Platz, um den Kardinal am Reden zu hindern, aber die Jugendlichen brachen in höhnisches Gelächter aus, und Wojtyła winkte ironisch zum Himmel. Am Ende bat er Jesus Christus um Vergebung, dass er nicht über ihn gepredigt habe. «Aber eben nur scheinbar. Ich habe so gesprochen, dass wir alle verstehen mögen, dass er, der in diesem Sakrament lebt, unser menschliches Leben lebt!»

«Totaler Schock» für die Sowjets

Politik im engeren Sinn hat er als Erzbischof in Krakau genauso wenig betrieben wie als Papst in Rom. Aber er formulierte eine glasklare Gegenvision zum Herrschaftsanspruch des atheistischen Regimes und verkündete sie hartnäckig. Kein Kreuzzug, aber eine geduldige tagtägliche Konfrontation. Warum der Ostblock in den folgenden Jahren praktisch ohne Blutvergießen zerfiel, erklärte der *ZEIT*-Redakteur Jan Roß, kein Katholik, aber ein aufmerksamer Beobachter, mit der magnetischen Ausstrahlung dieses Papstes:

«Seine Botschaft von der Würde des Menschen und den Rechten des Arbeiters bot den Aufbegehrenden eine Sprache und eine Instanz, auf die sie sich berufen konnten, seine Vision von der historischen Einheit des

Kontinents, der wieder aus beiden Lungen atmen müsse, der westlichen und der östlichen, nahm den Fall der Mauer vorweg.»

Wojtyłas Wahl an sich war bereits ein harter Schlag für die verkrusteten Systeme des Ostens, die innere Auflösungserscheinungen zeigten und mit großen wirtschaftlichen Problemen zu kämpfen hatten. All die leisen Kritiker und lauten Dissidenten in Warschau und Bukarest, Prag und Moskau hatten plötzlich einen mächtigen Verbündeten gewonnen, der einer von ihnen war, aber unangreifbar auf dem Thron Petri saß und nicht so einfach als Knecht des «westlichen Imperialismus» abgetan werden konnte.

Für das Zentralkomitee der KPdSU sei die Papstwahl ein «totaler Schock» gewesen, erklärte ein in den Westen übergelaufener sowjetischer Geheimdienstler namens Victor Sheymov jedem Journalisten, der es hören wollte. In Moskau trat das vollzählige Politbüro zusammen und beschloss eilig eine Propaganda-Offensive. Die roten Strategen erkannten sofort, dass es jetzt vorbei war mit der geschmeidigen vatikanischen Ostpolitik aus der Zeit Pauls VI. Der hatte jede offene Konfrontation vermieden, um den Christen im kommunistischen Machtbereich wenigstens kleine Freiheiten zu verschaffen. Doch damals war der Osten noch erheblich robuster gewesen; jetzt schritt der innere Verfall rapide fort, und die Kluft zwischen den Verheißungen vom irdischen Paradies und der tristen Wirklichkeit verbreitete sich von Tag zu Tag.

Wenige Monate nach der Papstwahl wurden die schlimmsten Befürchtungen der kommunistischen Führung wahr: Jan Paweł II. begehrte sein Heimatland zu besuchen. «Empfangen Sie ihn nicht!», hatte der Moskauer Parteichef Leonid Breschnew seinen Warschauer Paladin Edward Gierek gewarnt, «es wird nur Ärger geben.» Es gab Ärger, und es wurde ein einzigartiger Triumphzug. Mindestens zehn Millionen Menschen strömten zu den Papstmessen in Warschau, Gnesen, Tschenstochau und skandierten das fromme Kampflied aus Polens Vergangenheit: *My chcemy Boga*, «wir wollen Gott!»

Es war nur ein Vorspiel. Als in den folgenden Jahren die Gewerkschaft *Solidarność* die polnischen Machthaber das Fürchten lehrte, war Papst Wojtyła unsichtbar immer dabei. Den Danziger Vertrag mit der Staatsführung über die Zulassung freier Gewerkschaften – der im ganzen Ostblock als unerhörte Blamage des Regimes empfunden wurde – unterzeichnete Arbeiterführer Lech Wałęsa mit einem übergroßen Füllfederhalter, auf dem das Bild des Papstes zu sehen war.

Natürlich war es ein verschlungener Weg voller Risiken, der Verwegenheit und diplomatisches Geschick zugleich erforderte. Das Attentat auf Johannes Paul am 13. Mai 1981 hätte den Öffnungsprozess beinahe abrupt beendet; alle Indizien deuten auf östliche Geheimdienste als Urheber, doch exakt aufgeklärt wurde der Anschlag nie. Auch weil der Vatikan selbst ein Interesse daran hatte, das Verhältnis zum kommunistischen Machtblock nicht zusätzlich zu belasten.

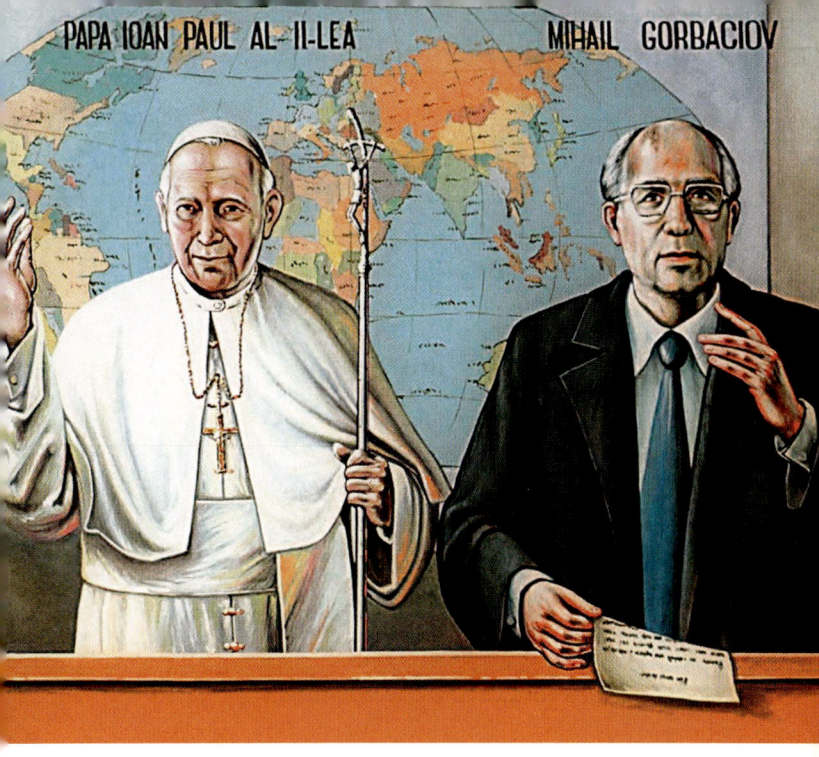

PAPA IOAN PAUL AL-II-LEA   MIHAIL GORBACIOV

Ausschnitt aus einem Gemälde in einer orthodoxen Kirche in Rumänien. Unter dem Bild steht in einer Inschrift: «Als Menschen riefen: ‹Haltet die Welt an, wir wollen aussteigen›, schaltete sich Gott ein und veränderte die Welt durch diese Menschen.»

Der Papst als Gorbatschows Ghostwriter

Im Dezember 1981 war der zähe Papst schon so weit wiederhergestellt, dass er dem neuen polnischen Ministerpräsidenten, General Wojciech Jaruzelski, einen Brief schreiben konnte, in dem er ziemlich offen damit gedroht haben soll, im Fall einer sowjetischen Invasion nach Polen zu fliegen und an der Seite der Gewerkschafter von *Solidarność* auf die Barrikaden zu steigen.

71

Auf seiner 72. Auslandsreise durchschritt Johannes Paul II. das Brandenburger Tor im Juni 1996.

Die Russen hatten in der Tat bereits achtzehn Divisionen an der polnischen Grenze zusammengezogen, Jaruzelski hatte das Kriegsrecht verhängt.

1983 weilte Jan Paweł zum zweiten Mal als Papst in seiner Heimat. Er brachte das Kunststück fertig, die im Untergrund agierende Gewerkschaft zu stärken – Wałęsa stand unter Hausarrest und durfte den Papst nur heimlich treffen – und Jaruzelskis vorsichtige Politik des Abwartens zu stützen.

Und dann kam Michail Gorbatschow, der als Generalsekretär der KPdSU die sturen Hardliner im Kreml ablöste und in einer eigenartigen Konstellation zum Partner des Papstes beim Zertrümmern des Ostblocks wurde. Gorbatschow begriff, dass der reale Sozialismus dabei war, an innerer Schwäche zugrunde zu gehen, und er war bereit, auf Machtpositionen zu verzichten, um die Idee zu retten. Doch *Glasnost* und *Perestroika* kamen zu spät.

Die beiden Slawen verstanden sich nicht schlecht – der orthodox getaufte marxistische Reformer und der Papst, «der als Pole auch Kommunist hätte werden können», wie ein Journalist bemerkte. Später gestand Gorbatschow, wenn ihm für seine Reden und Schriften nichts mehr eingefallen sei, habe er bisweilen zu Texten des Papstes über die soziale Frage gegriffen. Und Johannes Paul mahnte nach dem Zusammenbruch des Kommunismus in einer Predigt, man möge das bewahren, was an den marxistischen Träumen gut und zukunftsträchtig gewesen sei.

«Was in Osteuropa in den letzten Jahren geschehen ist», schrieb Michail Gorbatschow 1992 in der Turiner Zeitung «La Stampa», «wäre nicht möglich gewesen ohne diesen Papst, ohne die große – auch politische – Rolle, die Johannes Paul II. im Weltgeschehen gespielt hat. [...] Ich habe einen besonderen Eindruck gewonnen, als ob von diesem Mann eine Energie ausgehe, dank der man ein tiefes Gefühl des Vertrauens ihm gegenüber empfindet.»

Hans-Dietrich Genscher, als deutscher Außenminister ähnlich unsterblich wie der fast dienstälteste Papst der Geschichte, bekräftigte dieses Urteil 2003: Karol Wojtyłas Beitrag zum Zerfall der Sowjetmacht und zur deutschen Wiedervereinigung könne «überhaupt nicht überschätzt» werden.

Johannes Paul der Große selbst spielte seine Rolle eher herunter, er konnte es sich leisten. Der Baum des Kommunismus sei in seinem Innern schon verfault gewesen. «Ich habe ihn nur noch ordentlich geschüttelt, und die verfaulten Äpfel sind heruntergefallen.»

Nach dem Sieg über die welke östliche Heilslehre nahm sich der greise Papst sogleich einen neuen Gegner vor: den Götzen des «Konsumismus und praktischen Materialismus», wie er in der Tschechoslowakei sagte. Der schrankenlose Kapitalismus fühlte sich jetzt allenthalben als Sieger; Johannes Paul aber hielt ihn schon in der Wurzel für ebenso verdorrt und verfault wie den dahingeschiedenen Kommunismus. Die Wirtschaft müsse dem Menschen dienen, nicht dem Profit; unter der ausschließlichen Herrschaft des Marktes könne es keine soziale Gerechtigkeit geben; die Entwicklungsländer dürfe man nicht ungeschützt der Konkurrenz der internationalen Märkte aussetzen – diese Warnungen wiederholte er überall wie Glaubenssätze.

Und schärfte seinen Mitarbeitern wie ein Vermächtnis ein, der Untergang des Kommunismus bedeute keinesfalls eine moralische Legimitation des Kapitalismus. Johannes Paul kurz vor Weihnachten 1993 im Kreis der Kurienangestellten: «Bisher musste man die Wahrheit über den Menschen nach Osteuropa über die Berliner Mauer hinweg verkünden; heute muss diese Wahrheit auch dem Menschen im Westen eingeschärft werden: Der Mensch ist überall der Gleiche.»

6 Der Pazifist

Leidenschaftliches Nein zum Krieg

«Es ist Gottes Volk, das hier stirbt!»

In Hiroshima, wo am 6. August 1945 eine Atombombe mehr als 200 000 Menschen tötete, kniet an einem kalten Wintermorgen 1981 eine weiß gekleidete Gestalt. Schweigend. Das Gesicht in den Händen vergraben.

Dann steht Johannes Paul II. auf und sagt mit brüchiger Stimme, als begreife er das Ungeheuerliche erst jetzt beim Aussprechen: «Krieg ist das Werk des Menschen. Krieg ist das Auslöschen des menschlichen Lebens. Krieg ist der Tod.» Er spricht japanisch, englisch, französisch, spanisch, portugiesisch, polnisch, deutsch, russisch, chinesisch. Er sagt in vielen Sprachen dasselbe: «Nie wieder darf es Krieg geben! Oh Gott, höre meine Stimme und gib der Welt deinen dauerhaften Frieden.»

Ein Jahr später reist er nach Großbritannien und Argentinien, zwei Länder, die gerade um die Falkland-

Inseln eine anachronistische Schlacht führen. Im englischen Coventry, das deutsche Bomber im Zweiten Weltkrieg dem Erdboden gleich gemacht haben, verabschiedet er sich von der feinen Unterscheidung zwischen erlaubtem konventionellem Krieg und zu ächtendem Atomkrieg, wie sie noch vom Zweiten Vatikanischen Konzil benutzt worden war. Panzer und U-Boote und MGs als letztes Mittel, wenn alle Politik versagt hat.

Johannes Paul dagegen hält *jeden* Krieg für «vollkommen unannehmbar. Der Krieg sollte zur tragischen Vergangenheit, zur Geschichte gehören; in Zukunft darf er in der Agenda der Menschheit keinen Platz mehr finden.»

«Heilige Allianz» mit Reagan – Polen zuliebe

Der Ehrlichkeit halber muss gesagt werden, dass Karol der Große nicht immer auf der Höhe der eigenen Einsicht geblieben ist – wie viele Menschen mit einem besonders weiten Geist war er genial und widersprüchlich zugleich. Noch im Jahr des Hiroshima-Besuchs, 1981, als General Jaruzelski in seiner polnischen Heimat das Kriegsrecht verhängte und sowjetische Panzer die Freiheitsbewegung Solidarność niederzuwalzen drohten, schloss die Vatikan-Diplomatie eine Art Heiliger Allianz mit den USA.

Präsident Ronald Reagan und Papst Johannes Paul, beide knorrige Männer mit der Liebe zur großen Geste, beide ehemalige Schauspieler, beide Opfer von Attenta-

George W. Bush bei einer Papst-Audienz im Juni 2004: Die Haltung des Papstes zum Irakkrieg war eindeutig. «Keinen Krieg», forderte Johannes Paul II.

ten, die sie nur knapp überlebt hatten, der oberste Kriegsherr der weltlichen Supermacht und der charismatische Führer der geistig-moralischen Supermacht, verstanden sich nicht in allen Bereichen, aber sie zogen am selben Strang. «Es ist erstaunlich», meinte Reagan bei seiner ersten Begegnung mit dem Papst, «wie uns die Vorsehung für unsere Aufgabe in Osteuropa gerettet hat.»

Das Pentagon baute massive Drohkulissen auf, um die Russen von ihren Planspielen abzuschrecken. Der amerikanische Geheimdienst *CIA* unterstützte die Bürgerrechtler von Solidarność mit Logistik und Geld; 50 Millionen US-Dollar sollen nach Polen geflossen sein. Der ehemalige *CIA*-Vizedirektor Vernon Walters ging als Sonderbotschafter der USA im Vatikan ein und aus und hatte jederzeit einen direkten Zugang zum Pontifex, um den ihn mancher Kardinal beneidete.

Im Gegenzug hielt der polnische Papst Präsident Reagan, der um seine Wiederwahl kämpfte, den Rücken frei gegen die katholischen amerikanischen Bischöfe. Die waren nämlich mit den wahnwitzigen Rüstungsausgaben des Pentagon unzufrieden und bereiteten eine scharfe Erklärung gegen Reagans neue Lieblingsidee eines Raketenabwehrsystems vor («Krieg der Sterne»). Johannes Paul II. sorgte dafür, dass das Papier erst nach der Präsidentenwahl publik wurde.

Abstriche am eigenen radikalen Nein zu jedem Krieg machte der römische Mahner auch, als der Balkan in den 1990er Jahren in einem Chaos aus Blut und Tränen versank. Viel zu lange hatte die Völkergemeinschaft schon zugesehen, wie Dörfer zerbombt, Frauen geschändet und Kinder zu Krüppeln geschossen wurden. «Es ist Gottes Volk, das hier stirbt!», rief er verzweifelt aus – in einer aus Castel Gandolfo nach Sarajevo übertragenen Messe – und tat alles, um eine internationale Intervention zur Rettung Bosnien-Herzegowinas zu erreichen.

Dabei mühte er sich redlich, unparteiisch zu sein: Er verteidigte die bosnischen Muslime gegen die christlichen (orthodoxen) Serben, protestierte später aber als einziger westlicher Meinungsführer leidenschaftlich, als die Amerikaner das serbische Belgrad bombardierten. Immer wieder beschwor er die verfeindeten Lager, das gegenseitig verübte Unrecht zu vergeben und einen Neuanfang zu wagen.

Im Alleingang gegen den Golfkrieg

In diesen Jahren war der polnische Papst, der den Nazis und den Stalinisten die Stirn geboten hatte und weder vor Washington noch vor Moskau in die Knie ging, endgültig zu einem moralischen Gewissen der Weltöffentlichkeit geworden. In der Auseinandersetzung um Saddam Husseins Irak gab er zunehmend den traditionellen Schulterschluss des Vatikans mit dem «christlichen» Westen auf – was schon Paul VI. im Vietnamkrieg versucht hatte, aber da waren die Supermächte noch etwa gleich stark gewesen und die mörderische Polarisierung schien kaum überwindbar – und fand zu seiner konsequenten Ablehnung jeder Kriegshandlung zurück.

Am 2. August 1990 überfiel der Irak das kleine, aber reiche Kuwait. Gestützt auf UNO-Resolutionen und unter Führung der USA zog eine Koalition aus 39 Ländern am 17. Januar 1991 gegen den Irak zu Felde. Am 28. Februar schwiegen die Waffen, internationale Hilfsorganisationen sprachen von 300 000 Toten.

Der Wojtyła-Papst kämpfte wie ein Löwe gegen diesen ersten Golfkrieg, den er ein unverantwortliches «Abenteuer» nannte, ein «sinnloses Gemetzel» und «der Menschheit unwürdig». Die Militäraktion könne die Probleme in der Region nicht lösen, sondern nur verschärfen, argumentierte er. Oh nein, Friede nicht um jeden Preis! Aber ein mit den Waffen erzwungener Friede provoziere nur neue Gewalt, und

Am 13. April 1997 feiert Johannes Paul II. einen Gottesdienst mit
Zehntausenden von Gläubigen im Kosovo-Stadion in Sarajawo.

dieser Krieg mit seiner zerstörerischen Technik stehe in keinem Verhältnis zu dem Ergebnis, das man erreichen wolle.

Die Stimme des Weltgewissens verhallte ungehört. Fast allein – gegen die Mehrzahl der westlichen Regierungen, gegen die meisten arabischen Länder, selbst gegen die Bischofskonferenzen der beteiligten Nationen – stand Johannes Paul II. erst recht während des zweiten Golfkriegs im Frühjahr 2003. Den Feldzug gegen die afghanischen Taliban nach dem Terroranschlag auf das World Trade Center vom 11. September 2001 hatte er noch als Akt der amerikanischen Selbstverteidigung hingenommen (freilich mit der Warnung, kein Fanal der Rache daraus zu machen).

Doch kurz darauf zeigte sich, dass US-Präsident Bush, seine Generäle und Geldgeber aus den großen Konzernen sich keinen Deut um die Konfliktbegrenzungsstrategien der UNO scherten, dass sie Saddam Hussein vernichten wollten, statt sein Waffenpotenzial unter Kontrolle zu bringen. Jetzt entfaltete der zweiundachtzigjährige Papst, den man schon am Rand des Grabes gesehen hatte, noch einmal sein ganzes Charisma im Einsatz gegen den Krieg. Er bat Spitzenpolitiker aus allen Lagern wie den britischen Premierminister Blair, den spanischen Regierungschef Aznar und den irakischen Vizepräsidenten Aziz in den Vatikan, schickte persönliche Gesandte zu Bush und Hussein, warnte beim Empfang des Diplomatischen Corps vor einem neuen Weltkrieg. Vergeblich.

Oder doch nicht? Nach den klaren Interventionen des Papstes war es zumindest unmöglich, den Irakkrieg als christlichen Kreuzzug gegen einen aggressiven Islam zu verkaufen, als «Kampf der Kulturen» und Religionen. Karol der Große demaskierte den mit so viel Pathos inszenierten Feldzug als das, was er war: als Gerangel um Öl und Macht und Absatzmärkte.

Unmittelbar bevor die US-Bomber Kurs auf den Irak nahmen, hatte eine deutsche Illustrierte den Papst aufgefordert, mit einer Schar Kardinäle nach Bagdad zu fliegen, Vertreter anderer Religionen ebenfalls in den Irak einzuladen und einen lebenden Schutzschild gegen die heuchlerischen «Glaubenskrieger» aus Washington zu bilden. Bushs Kreuzzug gefährde das welthistorisch bedeutsame Versöhnungswerk des Papstes und drohe neue Gewalt zwischen muslimischer und westlicher Welt zu gebären.

Johannes Paul ist nicht nach Bagdad geflogen. Es hätte sein Tod im Bombenhagel sein können – und die Krönung seines Pontifikats.

7 Offene Arme

Dialog mit Juden und Muslimen

«Nie mehr Gegner, sondern Partner!»

Am 9. Mai 1989 sollte im polnischen Wadowice an dem Ort, wo einst die Synagoge gestanden hatte, eine Gedenktafel enthüllt werden. Sechzig Jahre zuvor hatten die Nazis das Gotteshaus in die Luft gesprengt. «Die Polen sollen kapieren, wie diese dreckigen Juden behandelt werden müssen!», brüllte der SS-Sturmbannführer, der die Aktion befehligte.

Der Sohn des Gemeindevorstehers von damals, Jerzy Kluger, der mittlerweile in Rom ein Geschäft leitete, wollte nicht hinfahren. Seine Mutter, seine Schwester, die Großmutter, alle waren im KZ umgekommen. Jerzy fürchtete die Gespenster der Vergangenheit.

Doch dann kam ein Brief aus dem Vatikan, mit dem päpstlichen Siegel. *Drogi Jurku!* begann das Schreiben, «lieber Jurek! Ich erinnere mich sehr gut an die Synagoge, die nahe bei unserem Gymnasium lag. Ich habe noch die langen Reihen von Gläubigen vor Augen, die sich am Feiertag zum Gebet in die Synagoge begaben.»

Der Brief stammte von Jerzys bestem Freund aus der Schulzeit, Karol Wojtyła, der inzwischen Johannes Paul II. hieß und seit einem Jahrzehnt die katholische Weltkirche führte. Wojtyła ermunterte ihn, nach Wadowice zu fahren und den dort Versammelten seinen Respekt zu übermitteln. Und so kam es, dass der Jude Jerzy Kluger bei der Enthüllung der Gedenktafel seinen katholischen Freund, den Papst, vertrat und einen herzlichen Brief aus Rom verlesen konnte.

Den antiken Priestertitel *Pontifex,* Brückenbauer, führen die Päpste seit Leo I. offiziell in ihrem Namen. Wenige nahmen ihn so wörtlich wie Johannes Paul, dessen Lieblingsbeschäftigung darin bestand, Mauern niederzureißen – politische wie geistige. Gläubige Menschen könnten niemals «gegeneinander glücklich sein», sagte er einmal beim Angelus-Gebet auf dem Petersplatz. Seine Vision war die Allianz sämtlicher Religionen gegen Gottesvergessenheit und dumpfen Materialismus, Ungerechtigkeit und Gewaltherrschaft.

Der erste Papst in einer Synagoge

Dass der Papst diesen Schulterschluss am liebsten mit den Juden suchte, lag daran, dass er sie kannte und respektierte. In Wadowice hatte er mit seinen jüdischen Schulfreunden Fußball gespielt und es faszinierend

Zu den herausragenden Schritten von Johannes Paul II. gehört die Einladung an die Weltreligionen, gemeinsam für eine Welt des Friedens zu arbeiten. Im Oktober 1986 traf er sich mit führenden Vertretern zum ersten interreligiösen Friedensgebet in Assisi, der Stadt des heiligen Franziskus.

gefunden, wie sie den Schabbat feierten. Als junger Pfarrer weigerte er sich, ein jüdisches Kind zu taufen, das den Holocaust in einer katholischen Familie überlebt hatte – aus Achtung vor den Eltern und ihrem Glauben.

Als er Erzbischof von Krakau geworden war, zog er seinen schönsten Ornat an, nahm den Bischofsstab in die Hand und führte sein Domkapitel in feierlicher Prozession zur Synagoge. Ein Höflichkeitsbesuch, der als Solidaritätsdemo verstanden wurde. Denn damals, 1964, führte Polens kommunistische *Arbeiterpartei* gerade eine bösartige Kampagne gegen die verschwindend kleine jüdische Minderheit im Land, um vom eigenen Versagen in der Regierung abzulenken.

Der polnische Papst hat die KZs in Auschwitz, Treblinka, Mauthausen besucht. In Auschwitz – das in seiner einstigen Diözese Krakau liegt und wo er als Bischof häufig zum Gebet weilte – sagte er, solche Orte könne man nicht einfach besichtigen. Man müsse hier lernen, endlich mit der Menschenwürde ernst zu machen und jeden Menschen, jedes Volk als «Bruder» zu betrachten. Als sich polnische Karmelitinnen in der Nachbarschaft des Konzentrationslagers ansiedelten und manche jüdische Kreise darin eine Vereinnahmung des eigenen Martyriums durch die Christen erblickten, sorgte der Papst für die Verlegung des Klosters. 1993 setzte er die Aufnahme voller diplomatischer Beziehungen zwischen dem Heiligen Stuhl und Israel durch.

Eine Arbeit, die unendlich viel Geduld und Fingerspitzengefühl erforderte. Denn Juden und Christen glauben zwar an denselben Gott, stehen aber in historischer Konkurrenz. Der Jude Jesus wurde nur von einer Minderheit als Messias anerkannt; eine schmerzliche Trennungsgeschichte begann, in der das Christentum immer mehr das Profil einer eigenen Religion gewann. Unter dem Zeichen des Kreuzes wurden schon im Mittelalter christlich-jüdische Dialoge geführt, aber auch Pogrome inszeniert und Synagogen angezündet. Und im Heiligen Land, wo das gejagte und dezimierte Volk der Juden endlich eine Heimstätte gefunden hat, gibt es auch eine vitale christliche Minderheit und eine alteingesessene arabische Bevölkerung mit Heimatrecht. Johannes Paul verschaffte den bedrängten Palästinensern internationale Aufmerksamkeit, indem er den *PLO*-Führer Arafat empfing und einen Palästinenser, Michael Sabbah, zum lateinischen Patriarchen in Jerusalem machte.

Die kürzeste Reise, die Johannes Paul II. je unternahm, führte am 13. April 1986 vom Vatikan über den Tiber zur Synagoge im alten römischen Getto. Dort traf er den Großrabbiner von Rom, Elio Toaff, zum gemeinsamen Gebet, zum Teil auf Hebräisch. Es war aber auch seine längste Reise – durch zwei Jahrtausende einer leidvollen Geschichte. Und es war der erste Besuch eines Papstes in einer Synagoge. Johannes Paul nannte die Juden «unsere älteren Brüder» (eine Formulierung, die er vom polnischen Nationaldichter Adam Mickiewicz übernahm) und bat für alle Hassausbrüche und Verfolgungen um Vergebung, die sich «zu irgendeiner Zeit und von wem auch immer» gegen die Juden gerichtet hätten.

«Ich wiederhole: von wem auch immer», erklärte er unter Beifall. Deutlicher hätte er es nicht sagen können.

Die Zustimmung zu Jesus von Nazaret, «der ein Sohn eures Volkes ist», dürfe niemals unter Druck erfolgen. Das ist auch die Botschaft seines Besuchs an der Klagemauer zu Jerusalem im Heiligen Jahr 2000. Gemeinsam mit Rabbi Michael Melchior, der dem israelischen Kabinett als Erziehungs- und Kulturminister angehörte, rezitiert er den Psalm 122:

Ich freute mich, als man mir sagte:
‹Zum Haus des Herrn wollen wir pilgern.›
Schon stehen wir in deinen Toren, Jerusalem:
Jerusalem, du starke Stadt, dicht gebaut und fest
gefügt.
[…] Erbittet für Jerusalem Frieden!
Wer dich liebt, sei in dir geborgen.

Dann nähert sich Johannes Paul, auf seinen Gehstock gestützt, mit vorsichtigen Schritten und in gebeugter Haltung der Klagemauer, ganz allein, schweigend. Behutsam berührt er die Steinwand, das Symbol jüdischer Martyrien und Schmerzen durch die Jahrtausende, lässt seine von der Parkinson-Krankheit zitternde Hand lange dort liegen, schiebt nach altem jüdischen Brauch einen Zettel in einen Mauerspalt und segnet die unbehauenen Steine mit einem zarten, nur angedeuteten Kreuzzeichen; es hätte als Provokation wirken können, aber Johannes Paul hat einen Sinn dafür, Gefühle Andersgläubiger nicht zu verletzen.

Auf dem Zettel steht eine schlichte Bitte, sie beginnt im klassischen Stil hebräischer Gebete und endet mit der Schlussformel römisch-katholischer Liturgie: «Gott unserer Väter, du hast Abraham und seine Nachkommen auserwählt, deinen Namen zu den Völkern zu tragen. Wir sind zutiefst betrübt über das Verhalten aller, die im

Laufe der Geschichte deinen Kindern Leid zugefügt haben. Wir bitten um Vergebung und wollen uns bemühen, echte Brüderlichkeit mit dem Volk des Bundes aufzubauen. Darum bitten wir durch Christus, unseren Herrn.»

Keine Rede, sondern ein stilles Gebet. Mehrere hundert Millionen erleben die Szene am Fernsehbildschirm mit. Es ist die sprechendste Geste, das schönste Bild in Wojtyłas sechsundzwanzigjähriger Amtszeit.

Die Botschaft von Damaskus und Assisi

Premiere auch im Verhältnis zum Islam: Johannes Paul ist der erste Papst, der seinen Fuß in eine Moschee setzt, am 6. Mai 2001 im syrischen Damaskus. Dort in der Omaijadenmoschee – neben Mekka, Medina und Jerusalem eines der wichtigsten Heiligtümer des Islam – befindet sich das Grab des Sultans Saladin, der die Kreuzfahrer wieder aus dem Heiligen Land hinausbeförderte. Dort steht aber auch der Schrein, der Christen und Muslimen traditionell als das Grab Johannes' des Täufers gilt. Solche spirituellen Stätten, sagt der Papst, schätzen die Anhänger beider Religionen als «Oasen, wo sie den barmherzigen Gott auf ihrem Weg zum ewigen Leben treffen und wo sie auch ihren Brüdern und Schwestern begegnen».

Hier in den Moscheen und Kirchen solle den jungen Menschen künftig Respekt und Verständnis für die jeweils andere Religion beigebracht werden, damit sich Christen und Muslime nie mehr als Gegner erleben,

«sondern als Partner für das Wohl der Menschheitsfamilie». Zusammenarbeit im Dienst an der Gerechtigkeit, an den Armen und Schwachen sei ein Zeichen
dafür, «dass unsere Gottesverehrung echt ist».

Die «muslimischen Brüder», wie sie Johannes Paul
gern nennt, sind auch bei den großen Gebetstreffen der
Weltreligionen im umbrischen Assisi 1986 und 1993 dabei, die dem Papst nicht nur den geifernden Hass der
Fundamentalisten im eigenen Lager eintragen sollten,
sondern auch Distanzierung bis in die römische Kurie

«Die hartnäckigen Anstrengungen des Papstes, trotz seines hohen
Alters und seiner abnehmenden Gesundheit, die verschiedenen
Weltteile zu besuchen und die Menschen, die dort leben, zu treffen,
um Harmonie und spirituelle Werte zu fördern, zeigen nicht nur bei-
spielhaft seinen großen Einsatz, sondern auch den Mut, mit dem er
ihn erfüllte» (Dalai Lama).

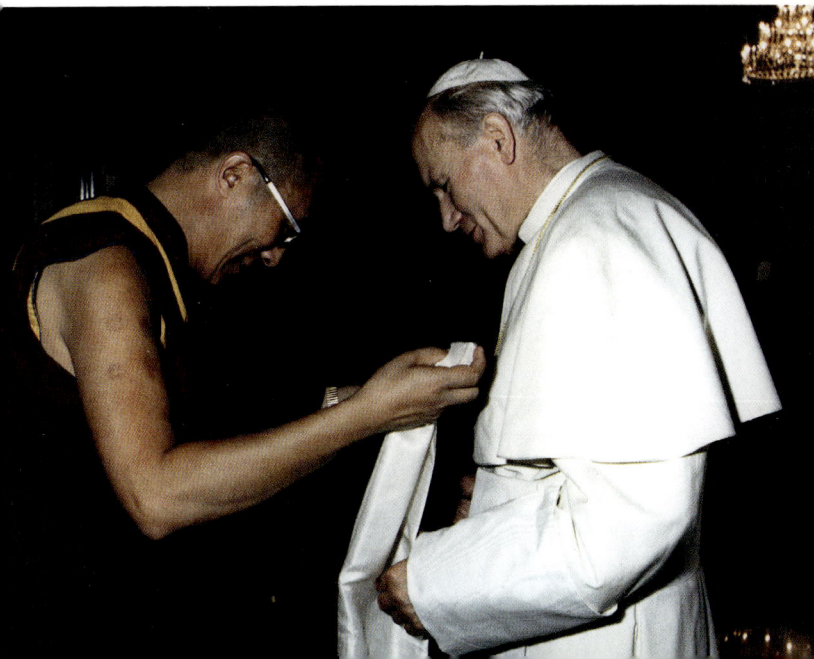

hinein. Man lege derzeit «übermäßig großen Nachdruck auf die Werte der nichtchristlichen Religionen», wiegelt sogar sein engster theologischer Berater Kardinal Ratzinger in einem als Buch verbreiteten Interview ab.

Der Pole mit dem weltweit offenen Blick – warum ist eigentlich keinem Biographen aufgefallen, dass er bis an die Schwelle des Todes keine Brille gebraucht hat? – lässt sich nicht beirren. Längst schaut er über das historisch gewachsene und festgefahrene Geplänkel zwischen Konfessionen und Religionen hinaus auf die entscheidende Herausforderung der Zukunft: das «Gottesgerücht» in der Welt wachzuhalten, die verschüttete spirituelle Sehnsucht in den Menschen zu befreien und gemeinsam eine friedlichere Erde zu bauen.

Am 27. Oktober 1986 versammeln sich in Assisi, wo der ähnlich naive und prophetische Francesco lebte und von einer armen, aber vor Liebe glühenden Kirche träumte, sechzig Delegationen christlicher Kirchen und nichtchristlicher Religionen, Juden aus Rom, Buddhisten aus Thailand und Japan, Hindus aus Indien und Großbritannien, Muslime aus Marokko und der Türkei, Saudi-Arabien und Kenia, Sikhs und Indianer, Schintoisten und Angehörige afrikanischer Stammesreligionen.

Sie alle beten um Frieden und Brüderlichkeit und appellieren an Regierungen und Guerillas, die Waffen schweigen zu lassen. Beim zweiten Assisi-Treffen 1993 tritt an die Stelle der wenig fruchtbaren Appelle eine gemeinsame Verpflichtung: «Wir verpflichten uns, die Menschen zu gegenseitigem Respekt und gegenseitiger

Hochachtung zu erziehen [...]. Wir verpflichten uns, das Recht jeder menschlichen Person auf ein würdiges Leben gemäß der eigenen kulturellen Identität zu verteidigen [...]. Wir verpflichten uns, den Schrei derer uns zu eigen zu machen, die nicht vor Gewalt und vor dem Bösen resignieren.»

«Der Papst ist das größte Hindernis»

Am wenigsten erfolgreich ist der «Dialogpapst» auf dem Terrain der christlichen Ökumene gewesen. Das liegt an den Widerständen selbstbewusster orthodoxer Heiliger Synoden, skeptischer protestantischer Gemeinschaften und unduldsamer katholischer Machtblöcke. Vielleicht liegt es aber auch daran, dass der große Versöhner immer wieder an eine Mauer im eigenen Innern rannte. Der charismatische Erneuerer, der eine geschwisterliche Christenheit nach biblischem Muster und im Dienst an der Menschheit wollte, und der konservative Bewahrer der römisch-katholisch fixierten Wahrheit standen einander im Weg.

Johannes Paul II. gliederte seine Kirche bewusst und nicht ohne Demut in die ökumenische Bewegung ein. Als erster Papst reiste er nach Canterbury, zum anglikanischen Primas. Zum 500. Geburtstag Luthers zollte er der «tiefen Religiosität» des deutschen Reformators Respekt, und er soll geplant haben, an symbolbeladener Stätte – auf der Wartburg in Thüringen – den römischen Kirchenbann über Luther aufzuheben. Stattdessen machte die 1999 in Augsburg unterzeichnete katholisch-evangelische Konsenserklärung zur Rechtfertigungslehre Kirchengeschichte.

In seiner Enzyklika *Ut unum sint,* «Dass sie eins seien», findet sich das Eingeständnis: «Der Papst – das wissen wir sehr wohl – ist ohne Zweifel das größte Hindernis auf dem Weg des Ökumenismus.» Deshalb bat er die anderen Kirchen, gemeinsam mit ihm über neue, geschwisterliche Formen des Petrusdienstes nachzudenken.

Dafür gab es freilich längst Modelle, auch aus Kreisen katholischer Theologen. Johannes Paul nahm sie kaum zur Kenntnis – und setzte sich so dem Vorwurf bloßer Rhetorik aus. Gemeinsame Abendmahlsfeiern mit Nichtkatholiken – für Lutheraner ein segensreicher Schritt zur Einheit – lehnte er immer wieder vehement ab, genau wie alle Überlegungen, das Priesteramt für Frauen zu öffnen, wie es andere christliche Kirchen längst getan hatten. Als die von Kardinal Ratzinger geleitete Glaubenskongregation schließlich in ihrem Dokument *Dominus Iesus* den protestantischen Gemeinschaften ihren Kirchenstatus absprach und damit einen Riesenskandal verursachte – war es sprachliches Missgeschick oder Absicht? –, da kam vom Papst nur eine halbherzige Richtigstellung.

Und es schien so gar nicht zu seiner draufgängerischen Natur zu passen, als er die Situation des ökumenischen Gesprächs auf die ebenso zaghafte wie sibyllinische Formel brachte: «Je weiter wir voranschreiten, desto klarer sind die Hindernisse.»

8 Prophet oder Bremser

Die katholische Kirche nach
Johannes Paul II.

«Wir sind aufgerufen, die Welt zu besiegen»

In der Fastenzeit des Heiligen Jahres 2000 gab es in der
römischen Petersbasilika einen Gottesdienst, der weltweit als Sensation gewertet wurde. Der gebrechliche
Papst und hohe Kurienkardinäle wie Joseph Ratzinger,
Roger Etchegaray, Francis Arinze traten vor das Kru-
zifix und legten gemeinsam ein Schuldbekenntnis für
die historischen Sünden der Kirche ab: Intoleranz und
Gewalt im Namen des Glaubens, Spaltungen und Ver-
urteilungen, Missachtung fremder Kulturen und Religionen, Verfehlungen gegen das jüdische Volk und die
Würde der Frau. Johannes Paul II. hatte die große Geste gegen Widerstände im Vatikan durchgesetzt; wann
habe sich je ein Kirchenverfolger gegen das den Christen angetane Leid entschuldigt, wurde argumentiert.

Der Papst, zu dessen Krakauer Diözese das Gelände von Auschwitz gehört hatte, besuchte am 23. März 2000 die Holocaust Gedenkstätte Yad Vashem in Jerusalem.

Und kritische Katholiken stellten sogleich die Frage, warum der geschichtlichen Einsicht keine deutliche Verhaltensänderung in der Gegenwart folge. Genau dieser Widerspruch trübte das Bild des Papstes auch bei vielen, die ihn liebten und verehrten: Derselbe Papst, der Diktatoren und Politbüros tollkühn ins Gewissen redete und von Beirut bis Havanna die Achtung der Menschenrechte einforderte, verweigerte aufbegehrenden Priestern, allzu selbstbewussten Frauen, theologischen Dissidenten in der eigenen Kirche die Mitsprache. Freiheit draußen – Gehorsam drinnen.

Papst Wojtyła stoppte die barmherzige Praxis, heiratswillige Priester in den Laienstand zurückzuversetzen, um ihnen eine kirchenrechtlich gültige Ehe zu ermöglichen. Aus Angst vor der Etablierung eines «alternativen Lehramts» (Johannes Paul) maßregelte er verdiente und kirchentreue, aber eigenwillige Theologen wie Hans Küng, Bernhard Häring, Edward Schillebeeckx, Jacques Pohier, Leonardo Boff. An den inquisitorischen römischen Verfahrensregeln änderte sich wenig: keine Einsicht in die Anklage, keine Information über die Gutachten, keine Rechtsmittel gegen das Urteil.

Er umarmte junge Mädchen, berief die erste Frau – eine Ordensschwester – an die Spitze einer Kurienbehörde, legte die Frauen aber gern auf klassische «weibliche» Rollenmuster fest und verweigerte ihnen die erhoffte Teilhabe an kirchlichen Leitungsstrukturen und Entscheidungsprozessen. Wie den Laien überhaupt. Obwohl er ihnen großen Respekt zu bekunden pflegte: Ohne die

Anfragen, für Frauen den Zugang zu Weiheämtern in der katholischen Kirche zu öffnen, erteilte Johannes Paul II. eine klare Absage und veröffentlichte 1994 das Apostolische Schreiben «Ordinatio Sacerdotalis» «über die nur Männern vorbehaltene Priesterweihe».

Laien würden die Geistlichen «im luftleeren Raum» agieren. Und «Stellvertreter Christi auf Erden» sei keineswegs nur der Papst, sondern jeder Christ und jede Christin.

Reformstau und Hoffnungslichter

Unter dem großen Kommunikator an der Spitze, so bilanzierten besorgte Christen nach seinem Tod, sei die Kultur des innerkirchlichen Dialogs ebenso auf der Strecke geblieben wie das synodale Element des Katholizismus – mit der Eigenverantwortung von Bischöfen, Ortskirchen, Laiengremien. Der «dogmatische Hardliner» Johannes Paul habe mit seinen unnötig zähen Fixierungen in Lehrfragen viel von dem wieder eingerissen, was er mit seinem unerhörten Charisma aufgebaut habe: eine neue Begeisterung für institutionelle Formen des Glaubens und ein waches spirituelles Interesse bei Menschen, die der Religion entfremdet seien.

Tatsächlich blieb bei seinen Pastoralreisen – auch in Deutschland – oft ein schaler Nachgeschmack. Ein Patriarch trat auf, der Ängste und Schwierigkeiten seiner Kinder zu kennen vorgab, ohne sich lange mit ihnen aufzuhalten; als Antwort musste oft die altgewohnte Doktrin genügen. In seinen zahllosen Ansprachen hat er gemahnt, gewarnt, gefordert, ermuntert, verurteilt – das ehrliche, offene Gespräch ohne Zeitdruck und Respektschranken suchte er nur selten.

Die großen Gesten, die er in seinen letzten Lebensjahren mit erstaunlicher Frische gesetzt hat, beeindruckten die Welt; dringende Aufgaben im Vatikan blieben liegen oder wurden von den kirchlichen Behörden im kurialen Geist und Stil erledigt. Auch Anhänger des Papstes sprechen seit Ende der 1990er Jahre bedauernd von einem innerkirchlichen «Reformstau». Papst Wojtyła gab sich durchaus überzeugend als treuer Diener des Zweiten Vatikanischen Konzils, das ihn bekannt gemacht hat und ohne das er nie Papst geworden wäre; aber er schien dieses Konzil als Abschluss einer Entwicklung zu sehen, weniger als Aufbruch zu immer neuen Ufern.

War er wirklich der unbewegliche Fels in der Brandung, als den man ihn bewundert und kritisiert hat?

Einer, der nie zweifelte, selten fragte und es nicht nötig hatte, zu suchen? Der typische Sohn eines geistig starken, aber abgeschotteten Landes, das keine Reformation und keine Aufklärung erlebt hatte? Ein durch und durch unmoderner Mensch, der Säkularisierung allzu schnell mit Atheismus und Freiheitsdurst mit Rebellion verwechselte?

Johannes Paul: ein merkwürdig janusköpfiger Papst, der in den letzten Jahren seines Pontifikats die liberale Fraktion in Kardinalskollegium und Kurie mit gemäßigten Querdenkern wie Walter Kasper und Karl Lehmann aufstockte, weil es ihm – wie ein erfahrener *vaticanista* vermutete – in der Gesellschaft all der angepassten Gefolgsleute langweilig geworden sei. Ein Freund des *Opus Dei,* der gern in dessen römischer Zentrale übernachtete, als er noch Erzbischof von Krakau war, und mit unrömischer Eile die Heiligsprechung des *Opus-Dei*-Gründers Escrivá de Balaguer vorantrieb – aber sozialrevolutionäre und kapitalismuskritische Reden hielt, die dem *Opus Dei* gar nicht gefielen.

Nach seinem Tod stürzte die katholische Kirche in Europa in den Abgrund eines Missbrauchsskandals – vor allem in Irland und Deutschland, der Heimat seines Nachfolgers Benedikt. Vorwürfe wurden laut, Johannes Paul II. habe die seinerzeit bereits bekannt gewesenen Fälle pädophiler Verfehlungen von Klerikern nicht ernst genug genommen. Der schlimmste Fall: Das «unsägliche Verbrechen» (Benedikt XVI.) des Gründers der *Legionäre Christi,* Padre Marcial Maciel Degollado aus Mexiko, der nicht nur im großen Stil Seminaristen missbrauchte, sondern auch mit mehreren Frauen Kinder zeugte. Seinen jungen Opfern hatte er vorgelogen, der Papst selbst habe ihm die Sexspiele als eine Art Schmerztherapie erlaubt, und danach nahm er ihnen auch gleich die Beichte (und ein Schweigegelübde) ab. Johannes Paul soll Maciel gegen alle Vorhaltungen seines Beraters Joseph Ratzinger in Schutz genommen und die damals sehr reichen und mächtigen «Legionäre Christi» gefördert haben; erst als Ratzinger Papst wurde, konnte er Maciel in die Verbannung schicken, wo er bald darauf starb. Hätte man solche Vorgänge nicht vor einer Seligsprechung umfassend aufklären müssen, fragten nicht nur die üblichen Kritiker aus dem linkskatholischen Lager.

Andere nannten das Beharren auf Schwachstellen und Einseitigkeiten eines im Ganzen doch ausgesprochen glanzvollen 26 Jahre währenden, auch bei Skeptikern und Gegnern auf Respekt gestoßenen Pontifikats kleinkariert. Der Seligsprechungsprozess sei zwar beschleunigt, aber gründlich durchgeführt worden, betonte der Präfekt der zuständigen Kongregation, Kardinal Angelo Amato, im Gespräch mit Radio Vatikan: «Wir haben alle vorgesehenen Schritte befolgt!»

Johannes Paul II. hat gebremst, ausgegrenzt und zementiert, Mauern niedergerissen und neue errichtet – und Hoffnungssignale gesetzt, die sein Pontifikat in der Erinnerung überstrahlen: Die ganze Welt sah zu, als der greise Papst an Weihnachten 1999 die «Heilige Pforte» im Petersdom aufstieß, das Jubiläumsjahr eröffnete und seine Kirche in einer hinreißenden Symbolik in das dritte Jahrtausend führte.

Über die Schwelle

Immer noch ein begnadeter Darsteller, hatte er sich zu diesem Anlass ein ungewöhnliches Gewand schneidern lassen, einen weiten Mantel, der in vielen bunten Farben funkelte und glänzte und an einen Tempelpriester erinnerte. Gehüllt in dieses Gewebe aus Licht und Freude, kniete er lange bewegungslos vor der Heiligen Pforte, während japanische Koto-Spielerinnen und afrikanische Hornbläser eine fremdartige Musik intonierten. Dann schleppte er sich mühsam durch die halbdunkle Basilika, ein gekrümmter Schmerzensmann, der sich an den Kreuzstab klammerte wie an eine Krücke – doch mit jedem Schritt wurde sein Gang fester, sein Gesicht begann zu leuchten. Er hatte sich seinen Traum erfüllt, den hinfälligen Körper besiegt, den Attentatsfolgen getrotzt, seine Vision über die Schwelle des Jahrtausends gerettet.

Türen öffnen. In die Zukunft schauen. Zu den Menschen gehen. Kirche nicht als Selbstzweck, sondern als bescheidene Dienerin der Menschheit. Das sind bleibende Signaturen des Pontifikats von Papst Wojtyła, trotz aller restriktiven Reden und Weigerungsakte. Wer auf dieser Straße weitergeht, wird das Zuhören und das Gespräch immer besser lernen. Den Dialog, in dem die Hoffnung liegt.

Vor italienischen Jugendlichen sprach Johannes Paul einmal vom «nagenden Wurm der Mutlosigkeit, der Gewohnheit und des Nachgebens», dem man lediglich mit der Gewissheit der Auferstehung zu Leibe rücken könne: «Wir gehören Christus, und er ist es, der in uns siegt. Wir sind dazu aufgerufen, die Welt mit unserem Glauben zu besiegen.»

9 Der Mystiker

Die Spiritualität eines Menschheitsführers

«Ich bin nicht stark und nicht sicher»

Kurz nach Weihnachten 1983 besuchte Papst Johannes Paul II. den jungen Türken Ali Agca, der ihn 1981 auf dem Petersplatz niedergeschossen und lebensgefährlich verletzt hatte, im römischen Hochsicherheitsgefängnis Rebibbia, um ihm seine Vergebung zu zeigen. «Er war zu mir wie ein Bruder», berichtete Ali Agca. Die Bilder gingen um die Welt.

Im Sterbehaus von Mutter Teresa in Kalkutta schritt Johannes Paul von Matratze zu Matratze, fütterte den einen oder anderen Patienten, streichelte auch jene, deren Gesichter von Lepra zerfressen waren. Die Angehörigen eines in den USA nach einem schlampigen Gerichtsverfahren hingerichteten Cherokee-Indianers, für den der Papst vergeblich um Strafaufschub gebeten hatte, lud er zu sich in den Vatikan ein.

Die Begründung solcher Gesten klingt schlicht: «Gott liebt euch alle ohne Unterschied, ohne Grenze.» Aber Worte erklären wenig. Der wirkliche Grund liegt in der spirituellen Tiefe dieses Menschen, der als Priesteramtskandidat mit dem Klostereintritt geliebäugelt hat und im Herzen immer ein Mystiker geblieben ist.

Liebesgeschichte mit Gott

Kein Etikett, das ihm die Medien aufklebten, passt so wenig zu Karol Wojtyłas Persönlichkeit wie der Spitzname «eiliger Vater», mit dem man seine Reiselust karikieren wollte. Gewiss hat er das Klischee selbst kräftig genährt; als er eines Tages mit dem Hubschrauber aus einer italienischen Bischofsstadt in den Vatikan zurückflog, schaute er verwundert in den Terminkalender und sagte zu seinem Sekretär Stanisław Dziwisz: «Nächsten Sonntag haben wir nichts. Man wird irgendeinen Wallfahrtsort finden müssen, um ihn zu besuchen.»

Aber mitten in der größten Reisehektik gelang es Johannes Paul, Momente der Stille zu schaffen. Dann kniete er minutenlang vor einem Mahnmal oder Märtyrergrab, das Gesicht in den Händen vergraben, und vergaß die Fernsehkameras und die Neugierigen, die ihn umgaben.

Er war ein schlechter Zuhörer und schien bisweilen zu schlafen, wenn ihm Begrüßungsansprachen gewidmet wurden. Das lag angeblich daran, dass er fähig war, für Augenblicke völlig in Meditation zu versinken

Papst Johannes Paul II. trifft am 27. Dezember 1983 im römischen Gefängnis Ribibbia seinen Attentäter, den Türken Mehmet Ali Agca, und setzt sich für dessen Begnadigung ein.

und dann erfrischt wieder aufzutauchen. Seine engsten Vertrauten sahen ihn weinend und stöhnend im Gebet auf dem Marmorboden seiner Privatkapelle liegen, die Arme in Kreuzform ausgestreckt, stundenlang, als er sich noch gut bewegen konnte.

Wojtyłas Gotteserfahrung glich eher einer Liebesgeschichte als einem intellektuellen Abenteuer. Nur die Liebe mache das Leben wert, gelebt zu werden, sagte er in Notre-Dame in Paris. Als er noch Erzbischof von Krakau war, holte ihn Paul VI. in der Fastenzeit 1976 zu Exerzitien in den Vatikan. Wojtyła deutete dem Papst und dessen kurialen Mitarbeitern die Schöpfungsgeschichte aus – auf überraschende Weise: «In der ganzen Darstellung der Genesis hört man das Herz pochen! Wir haben nicht einen großen Weltbaumeister vor uns, sondern wir stehen vor dem großen Herzen.» Vor einem in seine Schöpfung verliebten Gott, dessen schönstes Werk der Mensch als sein Abbild sei.

Mystik bedeutete für Karol Wojtyła keine Sonderwelt fernab der Normalität, sondern eine Grunderfahrung, die zum Glauben wesentlich dazugehört – und Folgen für das praktische Leben hat. Wenn Gott in der Wirklichkeit des Menschen erfahrbar wird, dann prägt die Mystik die menschliche Arbeit, verwandelt das menschliche Miteinander, gibt dem gesellschaftlichen Engagement Tiefe. Ein Leben lang verband dieser Mensch und Papst die Treue zur Erde und die Liebe zum Himmel in einem einzigen leidenschaftlichen Schwung.

Kein Gott für Helden

Ohne Erdung verblasst die Transzendenz, aber ohne Sehnsucht nach dem Ewigen verkümmert der Mensch, so hieß die Botschaft seit den Tagen als junger Poet in Krakau:

Aus Treue zu dir, Erde, spreche ich von dem Licht,
das du mir nicht geben kannst,
ich spreche vom LICHT, ohne das der MENSCH
nicht Erfüllung findet,
ohne das du – Erde – auch nicht Erfüllung findest
im Menschen.

Der Papst und die Madonna: Wo immer Johannes Paul II. reiste, besuchte er die Heiligtümer der Gottesmutter, hier im deutschen Marienwallfahrtsort Altötting 1980.

Es war Jan Paweɫs kraftvoller, scheinbar unangefochtener Glaube, der seine Bewunderer (in allen Religionen) faszinierte, seine Kritiker bisweilen aggressiv machte, seine politischen Gegner zittern ließ, weil sie ihm nichts entgegenzusetzen hatten als Worthülsen und Drohungen. «Wer glaubt, hat den Leuchtturm gefunden, der ihm eine sichere Fahrt ermöglicht», rief er bei seinem zweiten Deutschlandbesuch 1987 vor dem Münsteraner Dom fast fröhlich in die Runde. «Wer glaubt, hat den Sinn gefunden, und kein Unsinn falscher Lehrer kann ihn mehr in die Irre führen.»

Wurde da nicht ein «Gott für die Starken» verkündet, «ein Gott, der dem kaum verzeiht, der verliert, [...] der sich vielleicht am Tisch derer, die ihn nicht erkennen, nicht wohlfühlt, [...] ein Gott, den man mit Ellbogen und Fäusten erkämpft», wie ein tiefenpsychologisch versierter Beobachter vermutete? Ein Glaube hart an der Grenze zum Besitzerstolz, zur Unbarmherzigkeit gegenüber denen, die aus Schwäche und Zweifel draußen stehen bleiben?

Auch damit würde man den hoch emotionalen Gottesprediger missverstehen, der Züge eines Helden hatte, aber augustinische Unruhe und sogar Skrupel kannte. Den Zerrissenen, Sich-Quälenden, der in der goldenen Krone der Muttergottes von Fatima die Pistolenkugel einfassen ließ, die 1981 seine Hauptschlagader um Millimeter verfehlt hatte, weil er felsenfest davon überzeugt war, die Madonna persönlich habe «die Kugel abgelenkt» – und öffentlich dunkle Gedanken wälzte wie wenige Tage vor Weihnachten 2003. Damals sprach er, der Worte kaum mehr mächtig im Endstadium der Parkinson-Krankheit, vom «Schweigen Gottes, der sich nicht mehr offenbart, der sich scheinbar eingeschlossen hat in seinem Himmel, wie angewidert vom Handeln der Menschheit».

Gott ist berührbar geworden in Jesus Christus, die Wahrheit lässt sich finden, das Leben hat Sinn, und es gibt eine strahlende Zukunft jenseits des Grabes – Papst Wojtyła hat es den Menschen hundertmal, tausendmal eingehämmert. Aber bisweilen verkündete er es nur tastend, scheu, mit leiser Melancholie: «Die Wahrheit muss schmerzen und sich verbergen.»

«Ich bin nicht stark und nicht sicher», vertraute er einem Journalisten an, mitten in einem beiläufigen Gespräch. Ging weiter, drehte sich noch einmal um und fügte wie entschuldigend hinzu: «Denken Sie an die Worte des heiligen Paulus, wenn er sagt, dass seine Kraft gerade in seiner Schwachheit liegt. So bin ich.»

10 Öffentliches Martyrium

«Ich bin froh, seid ihr es auch!»

«Christus ist auch nicht vom Kreuz gestiegen»

Seit der Eröffnung des Testaments weiß man endlich, worüber in seinen letzten Lebensjahren endlos spekuliert worden war: Johannes Paul II. dachte tatsächlich an Rücktritt, zumindest im März 2000. Da kannte er längst die Diagnose, die einen kompletten Ausfall der Sprachkontrolle und des Bewegungsapparats in absehbarer Zeit, vielleicht sogar Demenz fürchten ließ: Parkinson.

Bereits 1996, als er das fünfundsiebzigste Lebensjahr erreichte, war der körperliche Verfall des einst so robusten, sportlichen Superstar-Papstes unübersehbar. Man konnte ihn kaum mehr verstehen, weil sein Gesicht halbseitig gelähmt war, die linke Hand zitterte unaufhörlich, mühsam schob er sich an seinem Gehstock vorwärts: Die Medikamente gegen die Nervenkrankheit beeinträchtigten die Muskulatur, mehrere Stürze hatten schlimme Folgen. Eine Hüftoperation war zum Teil misslungen, aus dem Darm wurde ein Tumor entfernt – Spätfolge des Attentats von 1981.

Ein vitaler, sinnlicher, durch und durch aktiver Mensch wie Karol Wojtyła, dem Körperpräsenz und Kommunikation mit den Menschen so wichtig waren, mochte die Vorstellung eines stummen Papstes im Rollstuhl als Horror empfinden. Er hatte Angst vor dem Kontrollverlust. Er schämte sich.

Ein zäher Kampf gegen die Hinfälligkeit

Doch dann schienen die Medikamente anzuschlagen, das eiserne Bewegungstraining zeitigte kleine Erfolge, und vor allem reagierte die Öffentlichkeit mit Respekt und Bewunderung auf Wojtyłas zähen Kampf gegen die Hinfälligkeit. Der alte Papst hatte eine neue Aufgabe gefunden: Sprecher aller Gebrechlichen und Pflegebedürftigen auf dem Globus zu sein, Zeuge für den Wert auch eines «unproduktiven» Lebens, fleischgewordener Protest gegen einen unbarmherzigen Jugend- und Leistungskult.

Sensibel, liebevoll, manchmal auch sarkastisch und zornig liest sich der «Brief an die alten Menschen», den er mit siebzig schrieb. Das Alter sei «der Zeitraum, in dem alles zusammenläuft, damit der Mensch den Sinn des Lebens besser erfassen und zur ‹Weisheit des Herzens› gelangen kann». Alte Menschen seien «Hüter des

Im Gebet während der europaweiten Schweigeminuten für die Opfer des Terroranschlags in Madrid im März 2004.

kollektiven Gedächtnisses» einer Gesellschaft, «bevorzugte Interpreten» des Schatzes gemeinsamer Ideale und Werte. Senioren als Bereicherung, nicht als Last. Trotzig rief er seine Altersgenossen auf, sich trotz mancher Einschränkungen die Lebensfreude zu bewahren.

1997 schaffte es der bisweilen von Schmerzen geschüttelte Greis, zum dritten Mal eine Marathonreise durch seine polnische Heimat zu absolvieren, im kriegszerstörten Sarajevo und in Beirut Hunderttausende mit seinen Friedensvisionen zu Beifallsstürmen hinzureißen, beim Weltjugendtag in Paris die *Love Generation* zu elektrisieren wie in alten Tagen. 1999 erneut Polen, danach Rumänien, Georgien. 2000 das Heilige Jahr mit dem historischen Schuldbekenntnis und der Reise nach Palästina, 2001 die Moschee in Damaskus, 2003 die Kraftworte gegen den Irakkrieg.

Würde bis zuletzt und ein schlichter Holzsarg

Doch der Verfall ließ sich nur verlangsamen, nicht aufhalten. In die Bewunderung für die Disziplin und Pflichttreue des alten Mannes mischten sich kritische Fragen, ob die öffentliche Zurschaustellung eines langsamen Sterbens nicht irgendwann peinlich werde. Selbst im Kardinalskollegium erhoben sich Stimmen, die verklausuliert den Rückzug in ein Kloster empfahlen. Christus sei auch nicht vom Kreuz gestiegen, ließ der Unbeugsame wissen. Und stellte sich weiter den Reportern und Fernsehkameras – mit der Botschaft: Leid gehört zum Leben. Vor dem Tod braucht man keine Angst zu haben. Und auch ein Pflegefall, am Ende war er es ja, hat seine Würde.

Im Februar 2005 wurde Johannes Paul nach Erstickungsanfällen zweimal in das römische Gemelli-Krankenhaus eingeliefert: Kehlkopfentzündung als Folge der Parkinson-Krankheit. Ein Luftröhrenschnitt erleichterte ihm das Atmen, aber jetzt konnte er nur noch flüstern. Als sich sein Gesundheitszustand nach der Rückkehr in den Vatikan weiter verschlechterte, lehnte er einen erneuten Klinikaufenthalt ab. Er wollte «zu Hause» sterben wie alle Päpste. Drei Tage vor seinem Tod zeigte er sich überraschend noch einmal am Fenster seiner Wohnung, grüßte die Menge auf dem Petersplatz mit fahrigen Gesten, versuchte vergeblich zu sprechen.

Der Todeskampf – eine Harnwegsinfektion war aufgetreten, die einen septischen Schock sowie einen Herz-Kreislaufkollaps bewirkte – dauerte lange und vollzog sich sozusagen vor den Augen der Öffentlichkeit, die betete, bangte und auf die neuesten ärztlichen Bulletins wartete. In seinen lichten Momenten soll der Sterbende durch das offene Fenster dem Rosenkranz gelauscht haben, der vom Petersplatz zu ihm heraufscholl.

Mit «großem Frieden» erwarte er den Augenblick, in dem ihn der Herr «vom Leben ins Leben» rufen werde, hatte der Papst in seinem «Brief an die alten Menschen» bekannt. «Wenn wir nach langer Suche dir begegnen, werden wir jeden echten Wert wiederfinden, den wir hier auf Erden erfahren haben.» Ähnlich klingt

Der letzte Segen von Papst Johannes Paul II. am 30. März 2005.

die letzte Botschaft, die er den polnischen Schwestern seines Haushalts hinterließ, auf einen Zettel gekritzelt: «Ich bin froh, seid ihr es auch!»

Am Abend des 2. April 2005 verkündete die große Glocke des Petersdoms den Tod des Papstes. Nach dem ersten Schock geschah Unerhörtes: Die Menschen auf dem Platz begannen rhythmisch zu klatschen und zu rufen: «Lang lebe der Papst!» Bekundungen begeisterter Liebe, die sich Tage später bei der Totenmesse in den Sprechchören fortsetzten *Giovanni Paolo Santo Santo!*

Millionen waren zur Beisetzung nach Rom gekommen, drei Tage und drei Nächte lang zogen zwei Millionen Pilger am aufgebahrten Leichnam im Petersdom vorbei. Zum Requiem strömten dreihunderttausend Menschen auf den Petersplatz, darunter zweihundert

«Ich bin froh, seid ihr es auch.» Am Abend des 2. April 2005 verstarb
Johannes Paul II.

Staatsoberhäupter und Regierungsvertreter. Die Bundeskanzlerin Angela Merkel bezeichnete die Totenfeier als ihr beeindruckendstes Erlebnis nach dem Fall der Berliner Mauer. Eigens errichtete Zeltstädte nahmen die Pilger auf. Der Verkehr in der Ewigen Stadt war seit Tagen zusammengebrochen, Flugabwehrraketen kontrollierten den Luftraum.

Einen eigenartigen Kontrast zur Größe des Ereignisses bildete der schlichte Holzsarg, der in einem weiten leeren Raum wie verloren vor der Petersbasilika auf dem Boden stand, ohne Papstkrone, ohne Flagge oder Wappen. Auf dem Sarg lag nur das aufgeschlagene Evangelienbuch, in dessen Blättern der Wind spielte.

Johannes Paul der Große wollte begraben werden wie ein einfacher Mönch. Die Gläubigen aber applaudierten, jubelten und schwenkten Fahnen, als sei er noch am Leben. Viele weinten gerührt, als Kardinaldekan Ratzinger bei seiner Predigt mit einer liebevollen Geste hinauf zum Fenster des Apostolischen Palastes wies, wo der todkranke Mann wenige Tage zuvor seinen letzten Segen erteilt hatte, und Vergleiche zum Himmel zog:

«Wir können sicher sein, dass unser geliebter Papst jetzt am Fenster des Hauses des Vaters steht, uns sieht und uns segnet. Ja, segne uns, Heiliger Vater. Wir vertrauen deine liebe Seele der Mutter Gottes an ...»

Nach der Totenmesse schulterten zwölf schwarz gekleidete Männer den Sarg, trugen ihn zum Petersdom, während die Glocken läuteten und der Chor das

Benedictus sang, den uralten Hymnus aus dem Lukas-evangelium, der jüdische und christliche Frömmigkeit verbindet:

> *Gepriesen sei der Herr, der Gott Israels!*
> *Denn er hat sein Volk besucht und ihm Erlösung*
> *geschaffen [...]*
> *Er hat das Erbarmen mit den Vätern an uns voll-*
> *endet und an seinen heiligen Bund gedacht,*
> *an den Eid, den er unserm Vater Abraham ge-*
> *schworen hat [...]*
> *Durch die barmherzige Liebe unseres Gottes wird uns*
> *besuchen das aufstrahlende Licht aus der Höhe [...]*

Bevor sie die Schwelle zur Petersbasilika überschritten und den Leichnam zur Beisetzung in die Vatikanischen Grotten brachten, drehten sie den Sarg ein letztes Mal zu den jubelnden Menschen, und wieder brandeten die Sprechchöre auf: *Giovanni Paolo Santo Santo! Santo subito!*

Seligsprechung in Rekordzeit

Es hat dann doch sechs Jahre gedauert, obwohl der Nachfolger, Papst Benedikt, die vorgeschriebene Wartezeit für die Einleitung des Seligsprechungsverfahrens aufhob – wie es Johannes Paul II. selbst im Fall der großen kleinen Nonne Teresa von Kalkutta getan hatte. Es gab Stolpersteine wie die Zweifel an dem (für eine Seligsprechung ebenfalls vorgeschriebenen) Wunder: Die französische Ordensfrau Marie Simon-Pierre (49) – sie arbeitete in einer gynäkologischen Klinik bei Aix-en-Provence – berichtete glücklich, nach innigen Gebeten zum verstorbenen Papst sei sie urplötzlich, über Nacht, von ihrer schweren Parkinson-Krankheit geheilt gewesen. Johannes Paul habe an derselben Krankheit gelitten – und sich die Verteidigung des Lebens ebenso zur Aufgabe gemacht wie ihr Orden, die «Kleinen Schwestern» der katholischen Entbindungsstationen.

Tatsächlich brauchte die Ordensfrau, die sich nur noch mit Mühe hatte bewegen können, deren Gelenke schmerzhaft steif gewesen waren und deren Arme und Beine ständig gezittert hatten, von einem Tag auf den andern keine Medikamente mehr. Später tauchten Gerüchte auf, sie habe einen Rückfall erlitten, doch gründliche Untersuchungen einer Medizinerkommission bestätigten die Heilung, die niemand erklären konnte.

Seit der Umbettung aus den Vatikanischen Grotten ruht der seliggesprochene Papst in der Sebastianskapelle des Petersdoms, im rechten Seitenschiff nicht weit vom Eingang. Mit seinem letzten Wunsch hat er sich nicht durchsetzen können: Zum Zeichen der Gemeinschaft mit allen Menschen wollte Karol Woityła in einem einfachen Sarg ruhen und nicht in einem prächtigen Sarkophag. Aus seinem Wunsch sprach die Solidarität mit den Menschen, die den alten Propheten in Rom umgetrieben hatte. Eine Sorge, die in seinen Erfahrungen mit deutschen Besatzern, verfolgten Krakauer Juden, polnischen Untergrundkämpfern und westlichen Philosophen wurzelte. Es war eine unangepasste, menschenfreundliche Radikalität, mit der Wojtyła seine Kirche zu den Anfängen des Evangeliums zurückführen wollte. Er hinterließ ihr, scheinbar widersprüchlich, «eine strengere Miene und ein größeres Herz als je zuvor» (Jan Roß).

Worte der Hoffnung

Texte von Johannes Paul II.

Habt keine Angst!

Der Erlöser des Menschen, Jesus Christus, ist die Mitte des Kosmos und der Geschichte. Zu ihm wenden sich mein Denken und Fühlen in dieser feierlichen geschichtlichen Stunde, die die Kirche und die ganze Menschheitsfamilie heute durchleben. Tatsächlich stehen wir jetzt schon nahe am Jahr 2000, da Gott in seinem unerforschlichen Ratschluss mir als Nachfolger des geliebten Papstes Johannes Pauls I. das Amt zum Dienst der ganzen Kirche übertragen hat, das mit der Kathedra des Petrus in Rom verbunden ist. Es fällt schwer, in diesem Augenblick zu sagen, welche Bedeutung jenes Jahr [2000] im Ablauf der Menschheitsgeschichte haben wird und wie es für die einzelnen Völker, Nationen, Länder und Kontinente ausfallen wird, wenn man auch bereits heute versucht, einige

Ereignisse vorauszusehen. Für die Kirche und für das Volk Gottes, das sich – wenn auch nicht gleichmäßig – bis zu den Enden der Erde ausgebreitet hat, wird jenes Jahr [2000] ein wichtiges Jubiläum darstellen. Wir nähern uns dem Datum, das uns – bei aller Betrachtung der Korrekturen durch größere chronologische Genauigkeit – die Kernwahrheit unseres Glaubens in Erinnerung ruft und in besonderer Weise bewusst macht.

Enzyklika «Redemptor hominis» (1979), Nr. 1

Christus ist in einem ganz bestimmten Augenblick der Geschichte auferstanden; aber er wartet noch darauf, in der Geschichte unzähliger Menschen aufzuerstehen, in der Geschichte der Einzelnen wie auch der Völker. Eine solche Auferstehung setzt das Mitwirken des Menschen und aller Menschen voraus; aber stets offenbart sich dabei das Strömen jenes Lebens, das vor so vielen Jahrhunderten an einem Ostermorgen aus dem Grab hervorgebrochen ist.

Wo immer ein Herz den Egoismus, die Gewalt, den Hass überwindet und sich in einer Geste der Liebe zu einem Bedürftigen neigt, dort steht Christus auch heute auf. Wo immer in echtem Einsatz für Gerechtigkeit ein wahrer Friedenswille sich zeigt, dort weicht der Tod zurück und setzt sich das Leben Christi durch. Wo immer einer stirbt, der glaubend, liebend, leidend gelebt hat, dort feiert die Auferstehung Christi ihren endgültigen Sieg.

Das letzte Wort Gottes über das menschliche Geschick ist nicht der Tod, sondern das Leben; ist nicht die Verzweiflung, sondern die Hoffnung.

Osterbotschaft, 30. März 1986

Nein zu Gewalt und Krieg

An diesem Ort [Auschwitz], wo die Würde des Menschen auf so schreckliche Weise mit Füßen getreten wurde – der Sieg eines Menschen durch Glaube und Liebe! Kann sich eigentlich noch jemand wundern, dass der Papst, der in diesem Land geboren und erzogen wurde, der Papst, der auf den Stuhl des heiligen Petrus aus jener Diözese kam, in deren Gebiet das Lager Auschwitz liegt, seine erste Enzyklika mit den Worten «Redemptor hominis» [Der Erlöser des Menschen] begonnen hat – und dass er sie insgesamt der Sache des Menschen widmete, der Würde des Menschen, seinen Gefährdungen, schließlich seinen Rechten? Unveräußerlichen Rechten, die so leicht mit Füßen getreten und zunichte gemacht werden können – durch den Menschen! Es genügt, ihn in eine Uniform zu stecken, ihm einen Gewaltapparat und Vernichtungsmittel zur Verfügung zu stellen, es genügt, ihm eine Ideologie umzuhängen, in der die Rechte des Menschen den Erfordernissen des Systems unterworfen werden, so vollständig, dass sie faktisch nicht existieren. Ich komme als Pilger hierher […] und beuge mein Knie auf diesem Golgota unserer Zeit […]

Predigt im KZ Auschwitz-Birkenau, 7. Juni 1979

Als Erzbischof von Krakau habe ich oft vor der Todes-
mauer [im KZ Auschwitz] gestanden und bin zwischen
den Trümmern der Krematorien von Birkenau umher-
gegangen. Ich habe mich immer gefragt: «Wo liegen
die Grenzen des Hasses – die Grenzen der Vernichtung
des Menschen durch den Menschen – die Grenzen der
Grausamkeit?» Edith Stein hat gesagt: «Niemals darf
der Hass in der Welt das letzte Wort haben!»

«Wort zum Sonntag», ARD, 25. April 1987

Aussöhnung mit dem Judentum

Die jüdische Religion ist für uns nicht etwas «Äußerli-
ches», sondern gehört in gewisser Weise zum «Inneren»
unserer Religion. Zu ihr haben wir somit Beziehungen
wie zu keiner anderen Religion. Ihr seid unsere bevor-
zugten Brüder und, so könnte man gewissermaßen sagen, unsere älteren Brüder …

Natürlich bin ich nicht deswegen zu euch gekommen, weil die Unterschiede zwischen uns schon über-
wunden wären. Wir wissen gut, dass es nicht so ist.
Jede unserer Religionen will im vollen Bewusstsein der
vielen Bande, die die eine mit der anderen verbinden,
und an erster Stelle jenes «Bandes», von dem das [Zwei-
te Vatikanische] Konzil spricht, vor allem in der eigenen Identität anerkannt und geachtet sein, ohne jeden
Synkretismus und jede zweideutige Vereinnahmung.
Ferner muss gesagt werden, dass der eingeschlagene
Weg noch an den Anfängen steht. Deshalb bedarf es

trotz der großen Anstrengungen, die von der einen oder andren Seite schon unternommen worden sind, noch ziemlich viel, um jede – auch die subtile – Form des Vorurteils zu überwinden, um jede Ausdrucksweise entsprechend anzupassen und somit uns selbst und den anderen immer und überall das wahre Antlitz der Juden und des Judentums wie auch der Christen und des Christentums zu zeigen, und das auf allen Ebenen der Mentalität, der Lehre und der Kommunikation [...]

Ansprache beim Besuch der römischen Synagoge, 5. April 1986

Meine eigenen, persönlichen Erinnerungen betreffen all die Ereignisse, die sich damals zugetragen haben, als die Nazis Polen während des Krieges okkupierten. Ich erinnere mich an meine jüdischen Freunde und Nachbarn: Manche von ihnen kamen um, andere haben überlebt. Ich bin nach «Yad Vashem» gekommen, um den Millionen Juden die Ehre zu erweisen, denen alles genommen wurde, besonders ihre Würde als Menschen, und die im Holocaust ermordet worden sind. Über ein halbes Jahrhundert ist seitdem vergangen, aber die Erinnerung bleibt. Hier, wie in Auschwitz und an vielen anderen Orten in Europa, sind wir überwältigt vom Widerhall der herzzerreißenden Klage so vieler Menschen. Männer, Frauen und Kinder schreien zu uns auf aus den Tiefen des Gräuels, das sie erfahren mussten. Wie wollten wir ihren Aufschrei nicht hören. Niemand kann das, was damals geschah, vergessen oder ignorieren. Niemand kann die Ausmaße dieser Tragödie schmälern. [...] Als Bischof von Rom und Nachfolger des Apostels Petrus versichere ich dem jüdischen Volk, dass die katholische Kirche – vom Gebot des Evangeliums zur Wahrheit und Liebe und nicht von politischen Überlegungen motiviert – zutiefst betrübt ist über den Hass, die Taten von Verfolgungen und die antisemitischen Ausschreitungen von Christen gegen Juden, zu welcher Zeit und an welchem Ort auch immer.

Ansprache in der Holocaust-Gedenkstätte Yad Vashem in Jerusalem, 23. März 2000

«Ich bin froh, seid ihr es auch!»

Totus tuus ego sum. Im Namen der Heiligsten Dreifaltigkeit. Amen.

«Wachet, denn ihr wisst nicht, an welchem Tag euer Herr kommen wird» (vgl. Matthäus 24,42) – diese Worte erinnern mich an den letzten Ruf, der mich in dem Augenblick, den der Herr dafür bestimmt hat, ereilen wird. Ich will ihm folgen, und ich wünsche, dass alles, was Teil meines irdischen Lebens ist, mich auf diesen Moment vorbereiten möge … Ich danke allen. Ich bitte alle um Verzeihung. Ich bitte auch um Gebet, damit die Barmherzigkeit Gottes sich größer erweisen möge als meine Schwächen und Unwürdigkeiten. [...]
[Eintrag 6. März 1979]

Heute möchte ich [meinem Testament] nur das Eine hinzufügen, dass jedem die Perspektive des Todes klar sein muss. Und er muss bereit sein, vor dem Herrn und Richter – und gleichzeitig Erlöser und Vater zu stehen. So denke auch ich ständig daran und vertraue diesen entscheidenden Moment der Mutter Christi und der Kirche an – der Mutter meiner Hoffnung.

Die Zeiten, in denen wir leben, sind unsagbar schwierig und beunruhigend. Schwierig und angespannt ist auch der Weg der Kirche geworden, eine charakteristische Prüfung dieser Zeit – für die Gläubigen wie für die Hirten. In einigen Ländern […] erlebt die Kirche eine derartige Epoche der Verfolgung, dass sie jener der ersten Jahrhunderte in nichts zurücksteht, ja sie im Grad der Erbarmungslosigkeit und des Hasses sogar noch in den Schatten stellt. Sanguis martyrum – semen christianorum [Das Blut der Martyrer ist der Samen für neue Christen]. Und dann – wie viele unschuldige Personen verschwinden, auch in diesem Land, in dem wir leben … *[Eintrag 24. Februar bis 1. März 1980]*

Am 13. Mai 1981, dem Tag des Attentats auf den Papst während der Generalaudienz auf dem Petersplatz, hat mich die Göttliche Barmherzigkeit auf wunderbare Weise vor dem Tode bewahrt. Er, der der einzige Herr des Lebens und des Todes ist, hat mir dieses Leben verlängert, in gewisser Weise hat er es mir neu geschenkt. Seit diesem Augenblick gehört es ihm noch mehr. Ich hoffe, er wird mir helfen, zu erkennen, bis wann ich diesen Dienst fortführen soll, zu dem er mich am 16. Oktober 1978 berufen hat. Ich bitte ihn, mich zurückzurufen, wann er selbst es will […]

Das letzte Jahrzehnt des vergangenen Jahrhunderts war frei von den früheren Spannungen; das heißt nicht, dass es nicht neue Probleme und Schwierigkeiten mit sich gebracht hätte. In besonderer Weise sei der Göttlichen Vorsehung Lob dafür, dass die Zeit des so genannten «Kalten Kriegs» vorüber ist ohne den gewaltsamen Atomkonflikt, dessen Gefahr in der vorübergegangenen Epoche auf der Welt lastete.

Auf der Schwelle des dritten Jahrtausends […] will ich noch einmal dem Heiligen Geist Dankbarkeit ausdrücken für das große Geschenk des Zweiten Vatikanischen Konzils, in dessen Schuld ich mich zusammen mit der ganzen Kirche – und vor allem dem ganzen Episkopat – fühle. Ich bin davon überzeugt, dass noch lange die neuen Generationen aus dem Reichtum schöpfen werden, die dieses Konzil des 20. Jahrhunderts uns angehäuft hat. Als Bischof, der am Konzilsereignis vom ersten bis zum letzten Tag teilgenommen hat, will ich dieses große Erbe allen anvertrauen, die jetzt und in Zukunft dazu gerufen sein werden, es umzusetzen. […]

Wie viele Personen müsste ich hier aufzählen! […] Wie könnte ich nicht mit dankbarer Erinnerung alle Episkopate in der Welt umarmen, mit denen ich mich […] getroffen habe! Wie könnte ich nicht an die vielen christlichen nicht-katholischen Brüder erinnern! Und an den Rabbiner von Rom und an so viele Vertreter der nicht-christlichen Religionen! Und an die vielen Vertreter der Welt der Kultur, der Wissenschaft, der Politik, der Medien! […]

Jetzt, wo sich das Ende meines irdischen Lebens nähert, kehre ich in meiner Erinnerung zum Anfang zurück, zu meinen Eltern, meinem Bruder und meiner Schwester (die ich nicht kennen gelernt habe, weil sie vor meiner Geburt starb), zur Pfarrei von Wadowice, wo ich getauft worden bin, zu jener Stadt meiner Liebe, zu meinen Altersgenossen, zu meinen Mitschülerinnen und Mitschülern in der Grundschule, im Gymnasium, an der Uni, bis zu den Zeiten der Besatzung, als ich als Arbeiter tätig war […] zu allen Personen, die mir der Herr in besonderer Weise anvertraut hat. Allen möchte ich das eine sagen: «Gott vergelte es euch.» [Eintrag 17. März 2000]

Aus dem Testament von Papst Johannes Paul II.

Zeittafel

18. Mai 1920 Geboren als zweiter Sohn von Karol und Emilia Wojtyła. Taufe am 20. Juni 1920 auf den Namen Karol Józef

13. April 1929 Karols Mutter Emilia stirbt

5. Dezember 1932 Karols Bruder Edmund stirbt

1938 Beginn des Literaturstudiums in Krakau

1939 Eintritt in die Theatergruppe «Studio 38» von Tadeusz Kudlinski. Einmarsch deutscher Truppen, Beginn des Zweiten Weltkriegs

1940–1942 Zwangsarbeit in einem Steinbruch und einem Chemieunternehmen

18. Februar 1941 Karols Vater stirbt

Herbst 1942 Eintritt in das geheime Priesterseminar

1. November 1946 Priesterweihe durch Kardinal Sapieha von Krakau

1946–48 Studium und Promotion in Rom

1948–1953 In der Seelsorge

1953–1958 Lektor, dann Dozent für Ethik an der Universität, zunächst Krakau, dann Lublin

1958 Bischofsweihe, Weihbischof von Krakau

1962–1964 Zweites Vatikanisches Konzil

1964 Erzbischof von Krakau, 1967 zum Kardinal erhoben

16. Oktober 1978 Zum Papst gewählt, er nimmt den Namen Johannes Paul II. an

4. März 1979 Antrittsenzyklika «Redemptor hominis» (Der Erlöser des Menschen): »Der Weg der Kirche ist der Mensch.«

1980, 1987, 1996 Reisen nach Deutschland

13. Mai 1981 Attentat auf dem Petersplatz durch Mehmet Ali Ağca

11. Dezember 1983 Besuch der lutherischen Christuskirche in Rom

15. April 1984 Erster internationaler Weltjugendtag

13. April 1986 Besuch der großen Synagoge von Rom

27. Oktober 1986 Erstes interreligiöses Friedenstreffen der Weltreligionen in Assisi

2. November 1992 Rehabilitierung Galileo Galileis

17. Mai 1993 Veröffentlichung des Weltkatechismus der katholischen Kirche

25. Dezember 1999 Öffnung der Heiligen Pforte zur Eröffnung des Heiligen Jahres 2000

12. März 2000 Schuldbekenntnis für die Sünden der Kirche

März 2000 Israel-Reise mit Gebet an der Klagemauer und Besuch von Yad Vashem

30. April 2000 Heiligsprechung von Maria Faustyna Kowalska

6. Mai 2001 Besuch der Omaijaden-Moschee in Damaskus

24. Januar 2002 Zweites interreligiöses Friedenstreffen in Assisi

16. Juni 2002 Heiligsprechung von Pater Pio von Pietrelcina

19. Oktober 2003 Seligsprechung von Mutter Teresa von Kalkutta

2. April 2005 verstorben

8. April 2005 Requiem mit 3,5 Millionen Pilgern in Rom, wohl größte Trauerfeier der Geschichte

1. Mai 2011 Seligsprechung

Ausgewählte Literatur

Accatoli, Luigi: Johannes Paul II. Die Biografie. Graz 2000

– Wenn der Papst um Vergebung bittet. Alle «mea culpa» von Papst Johannes Paul II. an der Wende zum dritten Jahrtausend. Innsbruck 1999

Arias, Juan: Das Rätsel Wojtyla. Eine kritische Papstbiographie. Bad Sauerbrunn 1991

Bernstein, Carl – Politi, Marco: Seine Heiligkeit. Johannes Paul II. und die Geheimdiplomatie des Vatikans. München 1997

Englisch, Andreas: Johannes Paul II. Das Geheimnis des Karol Wojtyła. München 2003

Fischer, Heinz-Joachim: Die Jahre mit Johannes Paul II. Rechenschaft über ein politisches Pontifikat. Freiburg 1998

Johannes Paul II.: Brief an die alten Menschen. Hrsg. vom Sekretariat der Deutschen Bischofskonferenz. Bonn o. J. (1999)
– Gewissen der Welt. Hrsg. von Ulrich Ruh. Freiburg 2002
– Orientierung für das dritte Jahrtausend. Der Papst zu den großen Themen der Zukunft. Graz 1998
– Sehnsucht nach Glück. Ein spiritueller Weg. Hrsg. von Franz Johna und Ulrich Ruh. Freiburg 2003
– Versöhnung zwischen den Welten. Im Gespräch mit den Religionen. Hrsg. von Matthias Kopp. München 2004
Maliński, Mieczysław: Johannes Paul II. Sein Leben, von einem Freund erzählt. Freiburg 1979
Reese, Thomas J.: Inside the Vatican. The Politics and Organization of the Catholic Church. Cambridge, Mass. 1996
Ring-Eifel, Ludwig: Johannes Paul II. Der Mensch – der Papst – das Vermächtnis. Freiburg 2005
Ross, Jan: Der Papst. Johannes Paul II. – Drama und Geheimnis. Berlin 2000
Stachel, Günter (Hrsg.): Die Sprache des Papstes. Theologische und literarische Analysen. München 1981
Svidercoschi, Gian Franco: Brief an einen jüdischen Freund. Karol Wojtyła und Jerzy Kluger. Graz 1993
– Karol. Die Geschichte eines Mannes, der Papst wurde. Freiburg 2003
Verbeek, Paul: Pilger gegen die Macht. Johannes Paul II. und der Zerfall des Sowjetimperiums. Augsburg 2005
Wojtyła, Karol: Der Gedanke ist eine seltsame Weite. Betrachtungen. Gedichte. Città del Vaticano / Freiburg 1979
– Erziehung zur Liebe. Mit einer ethischen Fibel. Città del Vaticano / Stuttgart 1979
– Von der Königswürde des Menschen. Città del Vaticano / Stuttgart 1980
– Zeichen des Widerspruchs. Besinnung auf Christus. Zürich / Freiburg 1979

Bildquellenverzeichnis

S. 13: Kardinal Karol Wojtyła (später Papst Johannes Paul II.)
© KNA-Bild, Bonn.

S. 16: Karol Wojtyła als Kind mit Eltern.
© Sipa Press, Paris.

S. 22: Karol Wojtyła als Schüler in einer Theatergruppe.
© dpa – Bildarchiv.

S. 30: Karol Wojtyła (später Papst Johannes Paul II.) während
einer Paddelbootfahrt 1955 auf der Drawa.
© KNA-Bild, Bonn.

S. 33: Papst Johannes Paul II. am 16. Oktober 1978 nach seiner
Wahl auf dem Balkon der Peterskirche. © KNA-Bild, Bonn.

S. 39: Papst Johannes Paul II. am Flughafen nach seiner Ankunft
in Angola 1998. © dpa – Fotoreport.

S. 43: Papst Johannes Paul II. am 14. August 1991 beim 6. Katholischen Weltjugendtreffen in Tschenstochau. © dpa – Bildarchiv.

S. 46: Gottesdienst mit Papst Johannes Paul II. in New York
1979. © KNA-Bild, Bonn.

S. 50: Papst Johannes Paul II. auf dem Weltjugendtag 2004 in
Rom. © dpa – Fotoreport.

S. 53: Papst Johannes Paul II. am 5. Oktober 1995 vor der fünfzigs-
ten Generalversammlung der Vereinten Nationen in New York.
© Reuters.

S. 58: Papst Johannes Paul II. und Mutter Teresa.
© KNA-Bild, Bonn.

S. 61: Papst Johannes Paul II. am 20. Januar 1990 am Quebra
Canela Strand, dem Stadtstrand von Praia auf der Hauptinsel
Santiago auf den Kap Verden.
© dpa – Bildarchiv.

S. 62: Papst Johannes Paul II. am 3. Januar 1998 vor einer Contai-
nersiedlung in der vom Erdbeben verwüsteten Stadt Annifo
(Umbrien). © dpa – Fotoreport.

S. 65: Papst Johannes Paul II. am 7. September 1993 am «Berg der Kreuze» in Siauliai, dem Symbol des litauischen Unabhängigkeitsstrebens. © dpa – Bildarchiv.

S. 67: Der polnische Präsident Lech Wałęsa küsste am 8. Juni 1991 in Warschau die Hand von Papst Johannes Paul II. © dpa.

S. 71: In einer Kirche in Petresti, 350 Kilometer nordwestlich von Bukarest, hängt ein Gemälde mit dem ehemaligen amerikanischen Präsidenten George Bush, Papst Johannes Paul II. und Michail Gorbatschow, dem früheren sowjetischen Staats- und Parteichef. © KNA-Bild, Bonn.

S. 72: Papst Johannes Paul II. am Brandenburger Tor in Berlin. Auf seiner 72. Auslandsreise besuchte der Papst vom 21. bis 23. Juni 1996 Paderborn und Berlin.
© KNA-Bild, Bonn.

S. 77: Papst Johannes Paul II. am 25. Dezember 2002 bei seiner Weihnachtsbotschaft. Dabei rief er dazu auf, den drohenden Krieg gegen den Irak zu verhindern. © dpa – Fotoreport.

S. 80: George W. Bush bei einer Papst-Audienz im Juni 2004.
© Reuters.

S. 83: Gottesdienst mit Papst Johannes Paul II. im Kosovo-Stadion am 13. April 1997 während seiner Reise nach Sarajewo am 12. und 13. April 1997. © KNA-Bild, Bonn.

S. 87: Papst Johannes Paul II. am 26. März 2000 an der Klagemauer in Jerusalem. © KNA-Bild, Bonn.

S. 90: Papst Johannes Paul II. inmitten anderer religiöser Führer beim ersten interreligiösen Friedensgebet im Oktober 1986 in Assisi. © Ropi Pressefoto und Bildarchiv, Freiburg.

S. 95: Papst Johannes Paul II. und der Dalai Lama am 27. September 1982. © KNA-Bild, Bonn.

S. 99: Papst Johannes Paul II. am 24. Dezember 1999 vor der Heiligen Pforte. © KNA-Bild, Bonn.

S. 101: Papst Johannes Paul II. hat am 23. März 2000 die Holocaust Gedenkstätte Yad Vashem in Jerusalem besucht.
© KNA-Bild, Bonn.

S. 103: Papst Johannes Paul II. bei seiner wöchentlichen General-audienz am 30. Juli 2003 in seinem Urlaubsort Castel Gandolfo, von einer Gruppe von Schwestern umgeben, denen er seinen Segen erteilte. © dpa – Fotoreport.

S. 109: Papst Johannes Paul II. während der Karfreitagsprozession am Karfreitag, den 9. April 2004, vor dem Kolosseum in Rom. © KNA-Bild, Bonn.

S. 112: Papst Johannes Paul II. am 27. Dezember 1983 im römischen Gefängnis Ribibbia mit Mehmet Ali Agca. © dpa – Bildarchiv.

S. 114: Papst Johannes Paul II. in der Gnadenkapelle im Marien-wallfahrtsort Altötting. Er besuchte vom 15. bis 19. November 1980 Deutschland. © KNA-Bild, Bonn.

S. 117: Papst Johannes Paul II. bei einer Messe am 26. Februar 2000 am Berg Sinai in Ägypten. © dpa.

S. 120: Papst Johannes Paul II. am 11. März 2004 in seiner Kapelle. © KNA-Bild, Bonn.

S. 123: Letzter Segen von Papst Johannes Paul II. am 30. März 2005. © Reuters.

S. 124: Papst Johannes Paul II., aufgebahrt am 3. April 2005 in der Sala Clementina. © KNA-Bild, Bonn.

S. 129: Porträtmosaik von Johannes Paul II. in Sankt Paul vor den Mauern, Rom. In der Basilika läuft über den Arkaden eine Mosaikreihe mit den Bildnissen aller Bischöfe von Rom, ange-fangen mit Petrus. Foto: Harald Opitz © KNA-Bild, Bonn